मैं सतरंगी-सी

निधि गुप्ता

क्रम-सूची

क्रम-सूची

प्रस्तावना

"मैं सतरंगी-सी" में मेरी कई कविता हैं जिसमें मैंने हर कविता में खुद को जिआ है, इस कविता संग्रह में मैंने कई तत्वों पर लिखा है, "मैं सतरंगी-सी" कविता संग्रह मेरे कई मायने से बहुत ही महत्वपूर्ण हैं, इसमें मैंने शुरूआती दिनों की लिखी कविताओं को भी सम्मिलित किया है, और कई मनभावओं पर लिखे शब्दों को एक कविता के रूप में गढ़ा है, कई कविता इनमें ऐसीं हैं जो मेरे दिल के बेहद करीब है, उम्मीद है की आपको मेरी ये कविता संग्रह बहुत पंसद आयेगी......!!!!!!

भूमिका

मुझे यह बताते हुए बेहद खुशी हो रही है कि आप सभी के स्नेह और दुलार मेरे लिए आशीर्वाद का काम कर रही है, मेरी छठवीं किताब आप सभी के समक्ष प्रस्तुत है, आप सभी मेरी कहानियों और कविताओं को पढ़ते रहीये और मुझे स्नेह और हौसला देते रहीये, और साथ ही मुझे लिखने के लिए प्रेरित करते रहीये, इस किताब को पब्लिस करने में आशीष कुमार "शँकी" का सहयोग रहा है, मुझे अपनी लेखनी को ऊँची उड़ान भरने का हौसला मेरी बड़ी बहन नेहा दी हमेशा ही देती रहीं हैं और साथ ही मेरे परिवार का भरपूर सहयोग रहा है मुझे हौसला देने में, मुझे लेखन में आजाद सोच रखने के लिए हमेशा से ही प्ररित और प्रोत्साहन मेरे घर वालों से मिलता रहा है, मैं उन सभी की शुक्रगुज़ार हूँ जिन्होंने मुझे आगे बढ़ते रहने के लिए प्रेरित किया, आप सभी अपने सुझाव एंव मेरी कहानियाँ और कविताएँ कैसी लगती है मुझे मेल करते रहीये......!!!!!!

Ziddynidhi@gmail.com

निधि गुप्ता "जिद्द्दी"

परास्नातक (हिन्दी साहित्य एंव अंग्रेजी साहित्य)

1. मैं अर्धांगिनी हूँ तुम्हारी

मैं अर्धांगिनी हूँ तुम्हारी......!!!!!
स्मरण रखना तुम
हूँ मैं तुम्हारी अर्धांगिनी
नहीं मैं गनिका....!!!!

यदि चाहते हो तुम
मेरे अधरों को
अपने अधरों से चूमना....
तो चूमना होगा पहले तुम्हें
मेरे चक्षु को,,,,,
गुजरना होगा पहले तुम्हें
मेरे माथे से होकर.....!!!!!

आना चाहते हो
तुम मेरे गर्दन के करीब.....
सवारना होगा तुम्हें पहले
मेरे उलझे केशों को.....!!!!!
अपने हाथों से मसलना
चाहते हे मेरे उभरों को.....
एक पहर मेरे माथे को
चूमकर सहलाना होगा तुम्हें.....!!!!!
अपनी मजबूत छाती को
टिकाना चाहते हो मेरे वक्षस्थल पर.....
तो पहले सुलाना होगा तुम्हें

अपने सीने पर कई पहर तक मुझे.....!!!!!
छूना चाहते हो तुम
मेरे जिस्म के हर हिस्से को.....
तो छूना होगा पहले तुम्हें
मेरे रूह को.....!!!!!
दबाना चाहते हो तुम
मेरे नाजुक अंगों को.....
पहले बतियाना होगा तुम्हें
कई रात..... थाम मेरा हाथ.....!!!!!
यदि चाहते हो
करदूँ मैं
समर्पित देह अपनी तुम्हें....
तो गिरवी रखने होगें तुम्हें
अपना कान्धा.....!!!!!
रात बिताने से पहले.....
मेरे संग तुम्हें
गुजारने होगें दिन.....!!!!!
मेरे कहराने से पहले
मुझे हंसाने होगें....
जतन करने होगें तुम्हें.....!!!!!
यदि
चाहते हो तुम
मुझे जकड़ना......
करने पड़ेंगे पहले तुम्हें
आलिंगन मेरा.....!!!!!
मेरे बाजुओं को
पकड़ने से पहले.....
पकड़ने होगें तुम्हें
मेरी ऊंगलियों को.....!!!!!

मेरी कमर सहलाने से पहले
सहलाने होगें तुम्हें मेरी पीठ
मेरे बालों को....!!!!!

दिगम्बर करने से पहले
ढकना होगा तुम्हे
अपने प्रेम के पट से मुझे.....!!!!!
गुजारना चाहते हो तुम
अपना हाथ मेरे अंगों से.....
तो पहले गुजरना होगा तुम्हें
मेरे सात्विक प्रेम से.....!!!!!
मेरी देह को
मसलने से पहले
तुम्हें गुजरना होगा
सर्वप्रथम मेरे माथे से.....!!!!!
मेरे देह पर
उतरने से पहले
उतरना होगा तुम्हें
मेरे रूह से.....!!!!!
यदि समाना चाहते हो तुम
मेरे अंग-अंग में
स्पर्श कर अपनी देह से......
तो समाना होगा
सर्वप्रथम तुम्हें
मेरे रोम-रोम में......!!!!!

❧❧❧

2. मुझे अपनी अहमियत ज्ञात है

मुझे अपनी अहमियत ज्ञात है......!!!!!

हाँ,,,,,

यकीनन मैं

गहरे नदीश की दुर्लभ सीपिज हूँ

मुझ भाता सीपी में रहना,

नहीं चाहती मैं

निकल उनमें से मैं

तुम्हारे अंकमालिका में पिरोई जाऊं....मुझ झुंड रहना तनिक भी

नहीं भाता....

कह सकते हो तुम अब

समाग्रज्ञी नहीं रहती दासी संग.....

हूँ मैं अब दुर्लभ आर्ची

जो निकलता अब मुझसे....

हैं सब अब मेरे समक्ष क्षीण.....!!!!!

हाँ,,,,,

मैं रहतीं हूँ

अथाह सागर के नीचे.....

पहुँच नहीं सकते तुम

यूँ साधारण चाल से....

करने होगें तुम्हें अब

कोई जतन

देने होगें अब तुम्हे

कई परिक्षा....
मुझ पाने को अब
बेताब रहता हर कोई यहाँ
युद्ध छिड़तें हैं अब उनमें कई
मरते नहीं वे..... मर जातें हैं वे....
ख्याल कर
ना पा सकने का मुझे.....!!!!!
किन्तु,,,,,
इन सब से अज्ञान मैं
रहती हूँ
प्रकृति के खजाने में.....
अनछुई-सी रहती हूँ मैं
बेदाग रहे मैं चमकती रहती हूँ
मैं अब और भी धिक.....
ये खारे जल भी
बदल नहीं सकतें मेरे रूप को
मैं रहतीं हूँ अब ठीक वैसे
जैसे है प्रकृति मेरी......!!!!!

❧❧❧

3. मेरी नारायणी नख ही सम्पूर्ण हैं

मेरी नारायणी नख ही सम्पूर्ण हैं.....!!!!!

मेरे गेसुओं में

इतनी क्षमता है

तिमिर कर सकती यह लोक

सित कर सकती तुम्हारे नैन

अन्धकार का भ्रमित कर सकती तुम्हे.....!!!!!

मेरी श्वास में

इतनी प्रचण्डता है

खींच तुम्हें

आहार कर सकती मैं.....!!!!!

मेरी जिद्द का आकलन

तुम मत करना

असमर्थ है ये तुम्हारे लिए.....!!!!!

मेरे तेज का अनुमान

तुम मत करना

तुम्हारी सीमा क्षेत्र से ये बाहर हैं.....!!!!!

इतना तेज है मेरे अंदर समाहित

मैं तुम्हें तो क्या

स्वयं को भी भस्म कर सकती हूँ

अपनी तेज से अपने वेग से......!!!!!

मैं,,,,,
अग्नि को स्पर्श भी ना करूगीं
मेरे चभु ही पर्याप्त हैं
तुम्हें राख में मिलाने को.....!!!!!
मेरे कमर में बन्धें
कटार को मैं
म्यान में ही रहने दूंगी.....
मेरी नारायणी नख ही सम्पूर्ण हैं
तुम्हारी खाल नोंच, बोटी करने को......!!!!!
प्रचण्डता देखी कहाँ तुमनें
अब तक मेरी.....
भरूँ जो एक हुंकार मैं
लोप हो जाओगे तुम
इस सम्पूर्ण सृष्टि से......!!!!!

मेरी देह की ज्वाला का आभास
अति दूर है
तुम्हारे सामर्थ्य सीमा क्षेत्र से.....
पास आने को सोचोगे
अग्नि में समाहित हो जाओगे.....!!!!!

विवश मत करना
मुझे कदम बढ़ाने को
मेरा भार तुम तो क्या
सम्पूर्ण ब्रम्हांड भी
ढो नहीं सकता.....!!!!!
उत्तेजित मत करो
अपने शब्दों से

मुझे अधर खोलने को....
मंथन विष है जिभ्या पर
सागर हरा हो लाल हो जायेगा......!!!!!
मत ललकारो मुझे......
अस्थियों का जंगल होगा
खून की झीले होंगी
मुंड से एक नई द्वीप बनेगा
प्रकृति नियम बदल जायेगा......!!!!!

मत पुकारो मुझे
पीछे से.....
मुड़ी जो मैं
सारे वेद सारे ग्रन्थ
धूमिल हो मिट जायेगें... .
बीते युग विस्मरण हो
फिर से जनम होगा
एक आदि मानव का....
नहीं शेष रहेगा कोई
आदि और अन्त......!!!!!
मत करो कोई ध्वनि तुम
जो तीखी मैं
बधिर होगा ये संसार.....!!!!!
आकाश में चमकती
ये बिजली
लघु अंश है मेरे क्रोध का.....!!!!!

आदि शक्ति का अंश है मुझमें
मुझसे ही उत्पन्न है ये सृष्टि
मुझमें ही समाहित हैं महादेव

मुझसे ही पाया है रूद्र अवतार......!!!!!
भ्रम में मत रहना
अबला हूँ मैं
स्मरण रखना..... आदि शक्ति हूँ
हठी हूँ सती-सी
सती हूँ
खुद को भस्म करूंगी
तुम्हें भी राख कर जाऊंगी......!!!!!
निधि हूँ मैं......
सम्पूर्णता हैं मुझमें....
अपने गर्भ से
सिंचित कर सकती हूँ
अपनी नई दुनियाँ......!!!!!
मेरी उर्जा का स्रोत
मत खोजों.....
मैं स्वयं संचालित करतीं हूँ खुद को.....
जननी हूँ मैं
अपनी ही काली की......!!!!!

❧❧❧

4. तुम कुछ भी पा नहीं सकोगे

तुम कुछ भी पा नहीं सकोगे.....!!!!!
जब तक तुम मुझे
जानोगे समझोगे.....
तब तक मैं तुम्हारे इस आभासी दुनिया को
अलविदा कह चुकुगीं.....!!!!!
जब तक तुम,,,,,,
पता पाओगे मेरे शहर का
मैं जा चुकुगीं इस दुनियाँ से.....!!!!!
जब तक तुम
पहुचोगे मेरे शहर.....
मेरी मृत्यु देह लेती होगी
लकड़ियों के कुंड पर.....!!!!!
जब तक तुम.....
पहुचोगे मेरे घर
मेरी देह राख हो भस्म हो चुकी होगी.....!!!!!
जब तक तुम....
पहुचोगे श्मशान.......
मेरी अस्थियाँ कलश में भर
घाट पहुंच चुकी होगी.....!!!!!
जब तक तुम
पहुचोगे घाट....
मैं जल में बहे

बहुत दूर बहे चुकी होऊंगीं.....
तुमसे और तुम्हारे इस दुनियाँ से.....!!!!!
जब तक तुम.....
खोजोगे मेरे कुछ समान
अपने संग याद बना उन्हें
ले जाने की खातिर......
तब तक निकाल उन्हें गृह से.....
निष्कासित कर गंगा में
प्रवाहित कर दिया जायेगा.....!!!!!
जब तक तुम्हें
ख्याल आयेगा....
मेरी एक तस्वीर लेने को.....
तब तक ढूंढ
एक-एक तस्वीर मेरी
जला दी जायेगी.....!!!!!
जब तक तुम.....
पुकारने को कोशिश करोगे
मेरा नाम......
तब तक वर्जित हो चुका होगा
मेरा नाम लेना.....!!!!!
जब तक होश आयेगा तुम्हें
दो गुलाब चढ़ाने को
मेरी तस्वीर पर.....
तब तक कोने पर रखी जा चुकी होगी
मेरी वो एक अन्तिम तस्वीर......!!!!!
तुम बहुत कुछ सोचोगे
कहने को चाहोगे मुझसे
बतलाना चाहोगे कुछ बात.....
पर बतला नहीं पाओगे तुम कुछ भी.....!!!!

तुम चीखोगे चिल्लाओगे.....
किन्तु मुझ तक एक शब्द ना पहुचेगा......!!!!!
तुम कुछ भी पा नहीं सकोगे....
तुम सिर्फ हाथ मालोगे.....!!!!!

5. कुछ इच्छायें दिल में दबीं हैं

कुछ इच्छायें दिल में दबीं हैं........!!!!!!

हृदय में इप्सा होती
तीव्र तृप्ती हो.....
वीर निधि के अथाह गहराइयों में
समाहित हो तृप्त हो
गहरी-शान्त-दीर्घ निद्रा में मग्न हो जाऊँ
चिरकाल के लिए......
...... जब आप जीना नहीं चाहते हैं.....!!!!!
हृदय में इच्छा होती
बर्फ की काली घनघोर शर्वरी में
वैश्वानर को ही आलिंगन कर
राख हो जाऊँ
हमेशा की खातिर......
.....जब कोई उम्मीद शेष ना रहे जाये.....!!!!!

हृदय में लालसा उमड़ती
ऊंची महीधर की चोटी से छलांग लगा
वंसुधरा की गोद में समा जाऊँ
हमेशा की खातिर.....
........जब आप ऊब चुके होतें हैं जिंदगी से.....!!!!!

हृदय की इप्सा है एक
थकी-प्यासी हो कर

रेगिस्तान की रेत में भटक
रेत का कफ़न ओढ़ लूँ
हमेशा की खातिर......
...... जब आप खो चुके होतें हैं
रिश्तों में विश्वास.....!!!!!

ख्वाहिश उठती हैं हृदय में
पावस की बूंदों संग
आँखों से आँखें मिला
जी भर क्रुदन-रूदन का
सम्पूर्ण नेत्रवारि बहाने का.....
...... जब कोई कंधा ना बचा हो सर रखने का......!!!!!

हृदय की चाह है
पागलों संग रहे
बिन बात बिन ध्येय
जी भर हस लूँ......
...... जब आप ऊब चुके होतें हैं
दिल से रोते-रोते.....!!!!!

हृदय में तीव्र शोर होता
सम्पूर्ण स्मृतियों को
विस्तृत कर दूँ
हमेशा के लिए......
..... जब आप अप्रिय-असुख
स्मृतियों से पूर्णतः घिरे हुए होते हैं.....!!!!!

कभी-कभी मन करता
मदिरा के नशे में

चूर मग्न हो
बीच सड़क पर चिल्लाऊँ.....
..... जब किसी ने आपका मानसिक शोषण किया हो.....!!!!!
कभी-कभी लगता
सर्वस्व रिश्ते के बंधन
तोड़ गुमनाम हो जाऊँ.....
......जब रिश्ते, रिश्ते ना रहे कर
बोझ और सिर्फ एक जिम्मेदारी बनती जाये.....!!!!!

कभी-कभी जी करता है
उन बदनाम, गन्दी, तंग
गलियों में जाने का
जहाँ जिस्म को घायल कर
नोचते, खेलते...... मष्तिष्क से नहीं.....
..... जब आप मष्तिष्क में
अत्यधिक चोट खा चुके होतें हैं.....!!!!!

कभी-कभी लगता है
अपने ना होते तो अच्छा होता,
जख्म ना मिलता
दिल से रोते नहीं.....
..... जब कोई अपना पीठ पर छूरा घोपता है......!!!!!
कभी-कभी यूँ होता एहसास
मष्तिष्क ना होता तो अच्छा होता
ना साम, दाम, दण्ड, भेद होता
ना होता जात-पात
ना होती ईष्या ना होता बैर-कुंठा
ना फसना ना फासाना होता......
...... जब आपके किसी भी रिश्ते में

दिल का स्थान मष्तिष्क ले लेता है......!!!!!

कभी-कभी लगता
दिल ना होता तो अच्छा होता....
ना अपनेपन का एहसास होता
ना परायेपन का.....
ना मोहब्बत होती किसी से.....
ना बिछड़ने का गम
ना यादें होतीं ना दर्द......
...... जब आपका दिल टूटता है
किसी अजनबी से......!!!!!

कभी-कभी मन में भंवर उठतें हैं
आप स्वयं इस दुनियाँ में
ना होते तो कितना अच्छा होता....
किसी अपने को कुछ सामस्या ना होती.....
.... जब आपके अपने कुछ अप्रिय याथर्थ के लिए आपको
जिम्म्मेदार ठहरातें हैं..... यद्यपि आपका उस अप्रिय याथर्थ पर कोई
अधिकार कोई हक कोई जोर ना हो......!!!!!!

कभी-कभी होता यूँ
आँखों में गर्म आंसू
भर बंद कर गहरी सांस लूँ.......
.... जब कोई आपकी बात
ना समझने वाला हो......!!!!!
कभी-कभी लगता है
हसते हुए चहेरे का
दिखवटी नकाब ऊतार फेंकूँ......
...... जब लोग आपको सुखी इन्सान कहतें हैं......!!!!!

कभी-कभी जी करता
जी भर विलाप-क्रूदन कर रोने का
अपने ही अश्कों से
स्वंय को डूबोने का.......
......जब आप पूर्णतः हार चुके होतें हैं
अपनों से......!!!!!
कभी-कभी मन में सवाल उठते
मोहब्बत के कितने नाम?
धोखा-फरेब.......
.... जब आपका मोहब्बत असफल हो गया हो......!!!!!

मन में विचार आता
मौत ही आखिरी रास्ता है
मौत ही सब दुःखों का अन्त है.....
.... जब आप स्वयं को
घिरा पातें हैं समास्याओं से और
निकलने का कोई रास्ता खोज नहीं पातें......!!!!!
जी करता अत्यधिक
उन गलतियों को करने का
जिसे आपने नहीं किया
फिर भी सजा आपको मिली......
.... जब आप बिन गलती सजा भुगत रहें होतें हैं......!!!!!

मन में उद्वेग होता
अतीत में जा कुछ भूल सुधारने का......
...... जब आप उन भूल की सजा
अभी तक भोग रहें हों.......!!!!!

कभी-कभी मन में उछल होती

वक्त के पहियों को
रोकने का..... बैठने का.....
.... जब आप थक चुके होतें हैं
जिंदगी की भाग-दौड़ से......!!!!!
कभी-कभी लगता
स्वयं ही खुद का आंसू पी जाऊँ......
.... जब लोग आपके आंसुओं को
दिखावटी आंसू कहते हैं.....!!!!!

मन में व्यग्रता होती
सारी हदें तोड़ने का
सारी सीमायें लांघने का.......
.... जब लोग आपको हर बात में
बेवजह हद-सीमा में रहने को कहतें हैं......!!!!!
मष्तिष्क में उथल होती
जिस्म से रूह को
निकाल फेकने की
आत्मा को मुक्त करने की.......
.... जब आप तंग आ चुके होतें हैं
रोज-रोज के झंझटों से......!!!!!

मष्तिष्क मन्थन करता
इस संसारिक मोह-माया से दूर
विरान-निर्जन स्थान पर
भ्रमण कर रहने का......
.... जब आप अपनों की बातों में
उलझ फस जाते हो......!!!!!

हृदय विचार करता

विवाह का बंधन ना होता तो अच्छा होता
कोई बंधन शेष ही ना रह जाता......
.... जब आपको वो शख्स नहीं मिलता
जिससे आप बेपनाह मोहब्बत करतें हैं
किन्तु किसी अन्य से विवाह करना
आपकी मजबूरी बन जाती है......!!!!!
जी करता
नशे में चूर होने का......
होश में ना रहने का
अत्यधिक तीव्र नशा करने का.......
.... जब आप धोखा खा चुके होतें हैं
अपने ही परिवार से......!!!!!

ऐसा तब लगता है......
जब मनुष्य,,,,
महज शरीर, श्वास, दिमाग़ से जीने लगता है.....
दिल, धड़कन, आत्मा से नहीं......
और आपको तब ऐसा लगता है
आप वेदना को पार कर करूणा के
जलाशय में जा पहुंचते हैं ......!!!!!

6. कभी-कभी कुछ यूँ होता एहसास

कभी-कभी कुछ यूँ होता एहसास......!!!!!

होता एहसास

जिस्म की मोहब्बत

कितनी सूक्ष्म कितनी तुक्ष है.....

.....जब आपका प्यार आपके

माथे को चूमता है......!!!!!

होती हैरानी

जिंदगी में कितनी खुशियाँ कितनी हसीं है....

..... जब आप उसे खुश देखते हैं

जिसे आप प्यार करते हैं

उससे आपका कोई भी रिश्ता हो सकता है.....!!!!!

इच्छा होती धिक

जिंदगी के दिन

थोड़े और होते जीने की खातिर.....

..... जब आप अपनी मोहब्बत के संग होते......!!!!

होता विस्मय

जिंदगी कितनी निरष होती

कितना रूखा होता

जो मोहब्बत ना होती....

...... जब आप अपनी मोहब्बत को पा चुके होतें हैं.....!!!!!

निधि गुप्ता

हृदय में कौतुहल होती
आसमान की सैर करने का.....
...... जब आप उजेली रात में
छत पर सोते हैं......
तारों की रौशनी में खो जातें हैं.....!!!!!
हृदय के कोने से ख्याल निकलता
बर्फ की वादियों की रातों में
सर्द हवाओं के संग रात जगने का.....
...... जब आप किसी के इश्क़ में होतें हैं.....!!!!!
दिल कहता
दौड़ कर अपनी मोहब्बत की बाहों में
सिमट जाऊँ....
जैसा पहले कभी सिमटा ना हो
पल-घड़ी सबकुछ वहीं ठहर जाये....
...... जब आप कई दिनों से
बात ना किया हो.....
देखा ना हो ना मिले हो अपनी मोहब्बत से.....!!!!
लालसा उमड़ती दिल में
अपनी मोहब्बत के होंठो को
अपने होठों से मिलाने का......
..... जब आपकी मोहब्बत
लगातार या रूक-रूक
कुछ बोल रही होती है.....!!!!!
मन में फितूर होता
रात के अंधियारे में
जगने का.....
सुबह की रोशनी को
मखमली रातों में बदलने का.......

चांद की रोशनी में जगने का
उसे मध्यम करने का.....
..... जब आप रूमानी होतें हैं.....!!!!

7. ये इश्क़ है क्या

ये इश्क़ है क्या.......!!!!!?
वो इश्क़ ही क्या
जिसमें शर्त रखी जाये.....
वो इश्क़ ही क्या
जिसमें कसमें-वादे ना किये जायें.....!!!!

वो इश्क़ ही क्या
जिसमें जिस्म-वासना आ जाये.....
वो इश्क़ ही क्या
जिसमें आलिंगन-स्पर्श-छुअन ना हो.....!!!!!
वो इश्क़ ही क्या
जिसमें सोच-समझ-विचार किया जाये.....
वो इश्क़ ही क्या
जिसमें सोचने-समझने-विचार करने की
शक्ति ना हो....!!!!!
वो इश्क़ ही क्या
जिसमें बहक जायें कदम....
वे इश्क़ ही क्या
जिसमें होश रहा जाये.....!!!!!
वो इश्क़ ही क्या
जिसमें मर्यादा-संस्कार ना हो.....
वो इश्क़ ही क्या
जिसमें सारी हदें-सारी सीमायें
ना लांघी जायें.....!!!!!

वो इश्क़ ही क्या
जिसमें रूह का फना ना हो.......
वो इश्क़ ही क्या
जिसमें फना हो जाये एक
एक की खातिर.....!!!!!
वो इश्क़ ही क्या
जिसमें न्यौछावर ना हो एक दूजे की खातिर....
वो इश्क़ ही क्या
जिसमें सबकुछ लुट जाये.....!!!!!
वो इश्क़ ही क्या
जिसमें इबादत ना हो......
वो इश्क़ ही क्या
जिसमें कर्म-काण्ड हो......!!!!!

वो इश्क़ ही क्या
जिसमें लफ़्ज़ों की ज़ुबान हो
खामोशी की नहीं.....
वो इश्क़ ही क्या
जिसमें इशारा हो.....!!!!!

वो इश्क़ ही क्या
जिसमें बिछड़न ना हो.....
वो इश्क़ ही क्या
जिसमें पिछड़न हो.....!!!!!
वो इश्क़ ही क्या
जिसमें इन्कार हो कुछ की खातिर......
वो इश्क़ ही क्या
जिसमें सब की खातिर हाँ हो......!!!!!

वो इश्क़ ही क्या
जिसमें बन्दिशें ना हो.....
वो इश्क़ ही क्या
जिसमें बंधन ना हो.....!!!!!

वो इश्क़ ही क्या
जिसमें डर-भय-चुप्पी तोड़ी ना जाये....
वो इश्क़ ही क्या
जिसमें खामोशी ना हो.....!!!!!
वो इश्क़ ही क्या
जिसमें कबूलनामा ना हो.....
वो इश्क़ ही क्या
जिसमें लिखित दस्ताखत हो....!!!!!
वो इश्क़ ही क्या
जिसमें ख्वाब ना हो......
वो इश्क़ ही क्या
जिसमें हकीकत ना हो.....!!!!!
वो इश्क़ ही क्या
जिसमें दर्द ना हो, विरह ना हो
अश्क ना हो, तड़प ना हो......
वो इश्क़ ही क्या
जिसमें गम हो ,स्तम्भता हो
पछतावा हो, भूल हो.....!!!!!
वो इश्क़ ही क्या
जिसमें विश्वास-आस-उम्मीद ना हो......
वो इश्क़ ही क्या
जिसमें इंतजार हो....!!!!!
वो इश्क़ ही क्या
जिसमें रूह जिस्म को ना छू जाये.....

वो इश्क़ ही क्या
जिसमें जिस्म सिर्फ जिस्म को ही छू जाये....!!!!!
वो इश्क़ ही क्या
जिसमें करीब ना हो पायें
एक दुसरे की सांसों को
महसूस ना किया जाये......
वो इश्क़ ही क्या
जिसमें महसूस किया जाये
एक-दुसरे के कमज़ोर पड़ रहे
ढृढता को......!!!!!
वो इश्क़ ही क्या
जिसमें उम्र-रंग-रूप-कद
देखा -दिखाया जाये.....
वो इश्क़ ही क्या
जिसमें आदर्श ना हो.....!!!!!
वो इश्क़ ही क्या
जिसमें बचकानी हरकतें ना किया जाये......
वो इश्क़ ही क्या
जिसमें प्रौढ़ता ना हो......!!!!!!
वो इश्क़ ही क्या
जिसमें समाया ना जाये,सिमटा ना जाये
एक दूजे की बाहों में......
वो इश्क़ ही क्या
जिसमें आत्मा को ना छुआ जाये
पवित्रता ना रहे जाये.....!!!!!
वो इश्क़ ही क्या
जिसमें बाल्यकाल ना हो.....
वो इश्क़ ही क्या
जिसमें सिर्फ यौवन हो......!!!!!

वो इश्क़ ही क्या
जिसमें जाना ना जाये
एक दुसरे को-एक दुजे के नाम से......
वो इश्क़ ही क्या
जिसमें बदल जाये नाम तुम्हारा.....!!!!!
वो इश्क़ ही क्या
जिसमें वास्तविकता ना हो......
वो इश्क़ ही क्या
जिसमें कोई कहानी ना हो......!!!!!!

वो इश्क़ ही क्या
जिसमें इन सब बातों का जिक्र हो.....
वो इश्क़ ही क्या
जिसमें गंवारपन हो......!!!!!

❧❧❧

8. और तुम बन गए शिव का अंश

और तुम बन गए शिव का अंश.....!!!!!
सुना है मैंने......
एक शिव को विरहा में मनुष्य होना
परन्तु देख रखा है मैंने
एक मनुष्य को विरहा में शिव होना.....!!!!!

जब जली थी सती
रौद्र हो शिव ने
वीरभद्र रूप अपना,जगत में
त्राहि-त्राहि करना.....
...... सुना है ये मैंने.....!!!!!
परन्तु स्मरण है ये मुझे.....
आलिंगन किया था
जब उसने मृत्यु को
कुपित हो तुमने.....
वो कैसे स्तम्भ हो चिल्लया था.....!!!!!
शिव ने छोड़ी थी देवत्व.....
और तुमने अपनाया था देवत्व.....
शिव हो गयें थे एक
साधारण मनुष्य और.....
तुम बन गए शिव का अंश.....!!!!!

ले रूप हजारों
शिव ने तांडव कर
तोड़ा दक्ष का अंहकार.....
थे तुम्हारे हजारों चहेरे
नटखट-बचपना-नादानी.....
खत्म कर उन्हें तुमने
अवधूत रूप अपनाया......!!!!!
कई कल्पों के पश्चात
एक हुए थे शिव और सती.....
चंद दिनों पश्चात
अलग हो गयें फिर से
अनन्त कल्पों की खातिर.....!!!!!

.... और तुम मिले थे उससे
इसी जन्म में
बिछड़े भी तुम उससे
इसी जन्म में......
जी थी जो जिन्दगानी संग उसके
बीते थे वो कल्पों में कभी
तो कभी पलों में गुजरें थे.....!!!!!
तुम शिव के जैसे हो..... वैरागी
नहीं स्वीकार्य जिसे प्रेम....
हठी थी सती
हठी थी तुम्हारी प्रेयसी
करती रही जतन सती
महादेव को पाने की खातिर
मनाती रही तुम्हें वो
तोड़ने तुम्हारी चुप्पी को......!!!!!

वहाँ अंहकार था.....
और यहाँ भी था
अंहकार था अपने शक्तियों का
अपने बनाये धर्म के नियमों का
यहाँ भी अभिमान है
श्रेष्ठता का, व्याप्ति का.....!!!!!
धर्म बना था वजह
सती का सती होने में
और धर्म ही बना था वजह
उसका देह त्यागने का.....!!!!!
अंतर कुछ भी नहीं
इन दोनों में.....
क्योंकि, मरी सती ही, मरू प्रेयसी ही
ना टूटा दक्ष प्रजापति का अंहकार
ना टूटा वालिदेन का घमंड....
कोई जला, कोई दफ़न हुआ
बस फर्क इतना ही रहा
कहीं मंदिर बना (पिण्ड)
कहीं कब्र बना
कोई मनुष्य बना
कोई देवता बना
बस फर्क इतना ही रहा.....!!!!!
भोले भी थे दोनों
क्रूर भी थे दोनों.....
इस प्रौणाणिक गाथा
और इस आधुनिक कहानी में
बस इतना ही फर्क है.....!!!!!!

९. देखा है मैंने तुम्हें शिव के रूप में

देखा है मैंने तुम्हें शिव के रूप में.....!!!!!
यदि किसी ने पूछा मुझसे
देखा है कभी तुमनें शिव को.....
मैं बांच दूगीं नाम तुम्हारा....!!!!!

थाम उसकी ऊंगलियों को
ले जाऊंगी उसे
उसी मरघट पर
जहाँ रहते तुम-करते जतन
दण्ड देने स्वयं के गुनाहों का.....!!!!!

दिखाऊगीं मैं उसे
तुम्हारे शून्य से सित नेत्र
सुनने को कहूंगी मैं उसे
तुम्हारे हृदय गति....!!!!!
हृदय विहीन देह
देखेगा वो अपने चक्षु से
एक नर कैसे बनता रूद्र
देखेगा वो स्तम्भ हो कर.....!!!!!
कब्र कहीं और
दफ़न कहीं और
विलय कहीं और

मरघट पर बैठा वो
नाश्वर देह रहता कहीं और
देखेगा वो मिलाप इन सबका
उस तिमिर-उजली रात्रि में एक साथ.....!!!!!
देह राख नहीं हुआ उसका
फिर भी प्रवाहित होती राख
हर रोज उसके अपने सागर में
नहीं हुआ कोई स्पर्श
नहीं हुआ कोई आलिंगन
फिर भी समाई रहती हरदम.....!!!!!

10. तुम जीवित हो कर भी जीवित नहीं

तुम जीवित हो कर भी जीवित नहीं.....!!!!!
तुम,
कितने भी वैरागी क्यों ना हो जाओ
भले ही जला दो तुम
अपने क्रोध से सम्पूर्ण सृष्टि
फिर भी पीछा नहीं छोड़ेगीं तुम्हारा
ये अतीत की स्मृतियाँ.....
यादों के झरोखे से
कुछ स्मृतियाँ तुम्हारे संग रहेंगी
एक सांय की तरह.....!!!!!
लाख कोशिश कर लो
समाधि ले-लो हिमालय की शिखा पर
समा जाओ अथाह सागर में
गर तुम्हारे जिस्म में है रूह
रहेगी नाकाम ही तुम्हारे ये सम्पूर्ण जतन....!!!!

हैं वो अतीत की यादें
घटित है संग तुम्हारे
जीया है उन्हें तुमनें
नहीं होगें वे विस्मरण.....!!!!!
विस्मरण वो होता
जिन्हें करते हम याद

और याद वो करते हम
जिन्हें भूलते हम
परन्तु अतीत भूलता नहीं.....!!!!!
तुम्हारे सांसों की डोर से
बंधीं हुई है वो....
वो यादें बन गई हैं
तुम्हारे खातिर प्रकृति-प्रक्रिया.....!!!!!
जब-जब लोगे श्वास
स्वताः ही स्मरण होगा तुम्हें
वो बातें-वो यादें....!!!!!
माना तकलीफ देतीं हैं
तुम्हें वो अतीत की यादें
परन्तु सत्य है ये भी एक
कि वही अतीत की यादें हीं
रोकती हैं तुम्हें हैवान बनने से.....!!!!!

वो मर कर जीवित है
तुम्हारे भीतर और
तुम जीवित हो कर भी
जीवित नहीं.....
यही स्वारूप है अर्धनारीश्वर का
जिस्म से निकल रूह बन
रूह में ही समा जाती है.....!!!!!

11. उसकी अन्तिम यात्रा का मंजिल था शमशान

उसकी अन्तिम यात्रा का मंजिल था शमशान.....!!!!!
जुदा हुई थी जब हमेशा के लिए
तुम्हारी मोहब्बत.....
कैसे सम्भालते होगे स्वयं को
वो पल, उस तारीख में.....
.... नहीं होती मुझसे कल्पना......!!!!!

टटोलना कभी स्वयं को....
क्रूर हो गये कितना
..... उस पल को विस्मरण करने की खातिर.....!!!!!
हो जाओ तुम
कितना भी क्रूर.....
दिल के किसी कोने में
रहेगी वो नमी शाश्वत
जो तुम्हें दिया इश्क़ ने......!!!!!
विरहा की वेदना क्या है?
कोई तुमसे प्रश्न करे.....
आश नहीं मिलन की....
फिर भी वो शमशान
अत्यंत प्रिय हो चला तुम्हें.....!!!!!
जाते हो हर रोज
रूह से मिलने.....

उसकी अन्तिम यात्रा की मंजिल
था शमशान.....
और तुमनें
अपना घरौंदा ही बना लिया उसे.....!!!!!

ज्ञात है तुम्हें भी
ये विरहा कभी इतिश्री ना होगी
फिर भी....
हर रात सित आँखों से
मरघट पर विचरण करते हो
बिन आस-बिन ध्येय.....!!!!!
मेरी मोहब्बत जिन्दा है
किन्तु मर गई मोहब्बत.....
खुश है मुझसे बिछड़ कर....
तुम्हारी मोहब्बत जिन्दा है मर कर भी......!!!!!
जिस्म से बिछड़े हो
रूह से अमर हो.....
हर पल -हर घड़ी संग रहती वो......
महसूस कर सकते हो ये तुम.....!!!!!

जानती हूँ मैं
निद्रा से बंधन तोड़ चुके तुम.....
उस जलती हुई चिता को
पुनः स्मरण करते हो......
रात के तिमिर में तुम
खामोशी से गुफ्तगू करते हो.....!!!!!
मेरी मोहब्बत में जिस्म था....
तुम्हारी भी मोहब्बत में.....
जिस्म भोग में बदल गया मेरा....

और तुम्हारी राख में......
हवाओं में घुल
संग रहती है वो शाश्वत तुम्हारे.....!!!!!
मृत्यु शब्द सुनना
पीड़ा नहीं......
ना स्वयं की मृत्यु का भय उच्च है.....
असहनीय है तो
किसी अपने की मृत्यु को देखना.....!!!!!
एहसास है मुझे.....
कितना द्रवित होगा वो रूदन.....
वो चहेरे पर स्पर्श....
कंपन हथेलियों से.....!!!!!
महसूस कर सकतीं हूँ मैं
उस पल को जब तुम
उस मृत्यु देह को
कितना ही बार झकझोर फिर से
उठाने की नाकाम कोशिश की होगी.....!!!!!
कैसे मृत शरीर का श्रंगार
किया होगा तुमनें.....
कैसे चुनरी नहीं कफ़न ओढ़या होगा.....
मखमली शेज नहीं
लकड़ियों की शेज पर लिटाया होगा.....
उसके बदन को चंदन में नहीं
राख में कैसे मिलाया होगा.....!!!!!
उस चिता पर
जब सोई थी वो
स्तम्भ-सी आँखों को
कैसे सहन किया होगा तुमनें.....!!!!!

परन्तु मैं कल्पना नहीं कर सकती तो
उस पल को जब
उसके देह को तुमने
अग्नि से जला राख में मिलाया होगा.....
होश था तुम्हें.....?
यकीनन कूदे भी होगे कई बार
समाहित के लिए.....!!!!!

मिलन की कोई आश नहीं
मार्ग है तो राख में मिलने का.....
मिलोगे तुम अवश्य
जिस्म से नहीं -रूह से.....
इस दुनिया में नहीं
अन्य कायनात में......!!!!!
परन्तु विलम्ब है अभी
उस मिलन की.....
तब तक यूँ हीं मिलते रहोगे तुम
जब मनुष्य सो जाते
जानवर शोर मचाते
उसी तिमिर घनघोर रजनी में
उसी मरघट में जहाँ......... ////
यही एक मार्ग
शेष बचा मिलने को
अन्य कोई मार्ग शेष नहीं
मिलन को......!!!!!

12. वो कुछ वैरागी है

वो कुछ वैरागी है.....!!!!!
किसी वीरान स्थल पर स्थित
किसी शिवालय में बंधी घंटी है वो
नंदी के कंठ पर पिरोया घुंघरू है वो.....!!!!!
तिमिर में शमशान पर स्थित
किसी साधु का बना शिवलिंग है वो
हिमालय का भटकता सिद्ध साधू है वो.....!!!!!
सृष्टि के कालचक्र में स्थित
वर्तमान में जीता-जागता भूत है वो
रात्रि में बिन ध्येय विचरण करने वाला
नर-पिशाच है वो.....!!!!!
किसी खण्डहर पर स्थित
जलता चीराग है वो
काल भैरव का महा उपासक है वो.....!!!!!
बनारस घाट के किनारे स्थित
शमशान/मरघट पर विचरने वाला अघोरी है वो
तिमिर में शिव का ध्यान लगाने वाला
शिव भक्त है वो.....!!!!!
हिमालय पर स्थित
गंगोत्री की प्रचंड धार है वो
रेगिस्तान से भटका हुआ एक बटरोही है वो.....!!!!!

13. जब तुम मेरे समक्ष होते

जब तुम मेरे समक्ष होते....!!!!

....
जब भी....
जब भी तुम होते समक्ष
मैं विस्मृत कर देती हूँ
इस दुनियाँ की विलासिता.....!!!!!
तुम मुस्कुराते हो,
बूंद अपनी आँखों कों कस कर
तुम खिलखिलाते हो, हंसते नहीं....!!!!!
मैं....
सुधबुध खो देखतीं हूँ ,तुम्हें सिर्फ तुम्हें
जहाँ तुम रहतें हो
मेरे लिए वही बन जाती सम्पूर्ण दुनियाँ....!!!!!

सीमित हो जाती हूँ,मैं उसी एक कमरें में
मैं बैठ एक कोने में
निहारतीं हूँ तुम्हारा वो नटखट हरकत....!!!!!

तुम दौड़ते हो
एक छोर से दुसरे छोर तक खिलखिलाते हुए
अपने नन्हें-नन्हें दांत तुम चमकाते हो....!!!!!

तुम पूरा दम लगा दौड़ते हो

खिलखिलाते हुए
और पहुँच एक छोर पर देख मेरी ओर तुम मुस्कुराते हो.... !!!!!

मैं सौगंध खाती हूँ
इन सारी प्रक्रिया के दौरान
मेरे दंत झाकते हैं तान मेरे अधरों को....!!!!!

तुम्हारा वो खिलखिलाने का शोर
गूंज उठता है उस कमरें में....!!!!!

जब तुम दौड़ते हो
बजती है तुम्हारें पांव की पाजेब की झनकार
तब मैं रह नहीं पाती
और बुलाती तुम्हें अपनी ओर दुलार से
तुम फिर दौड़ आते
लिपट जाते मेरी गोद से
मैं दुलार करती मैं स्नेह करती
और मैं महसूस करती अपने जीवन को सार्थक....!!!!

14. कभी देखा है तुमनें

कभी देखा है तुमनें....!!!!

.....

कभी तुम्हें मिला है सौभाग्य

किसी स्त्री/पुरूष की सजल आँखों को देखने का....

देखना कभी तुम उन्हें

झांकने की कोशिश करना उनके नैनों को

किस तरह तैरतीं है दो भूरी/काली नावें

हल्के गुलाब जल में....

मानों गुलाब की पंखुड़ियाँ स्वयं ही पिघल

जल बन समा गईं हों उन भूरी/काली नावों में

सागर उमड़ता है जब हृदय से

तब दरिया उफान करती हैं उनके चक्षु में....

परन्तु रहतीं हैं वे अपनी बान्ध के भीतर ही

छलक कर वे सजल आँखे जल प्रवाह नहीं कराती

उन भूरी/काली नावों को भ्रमण कराती रहतीं हैं ये गुलाब के जल....

बिन पालों के ये भी चलती हैं

मंद-मंद अपनी ही मस्त गति में

होतीं हैं जब सजल आखें

तब आँखों में मणिक लालिमा नहीं

रूबी की छाया विधमान होती....

नीर जो छलकते कभी उनमें से
वे भाप-सी नहीं
ओस की बून्दों-सी शीतल होती....

कभी स्पर्श करना उन ठण्डी शीतल ओस की बून्दों को
महसूस होगा तुम्हें एक सजल चक्षु की बून्दों का....!!!!

15. वो दो पीली तितलियाँ

वो दो पीली तितलियाँ.......!!!!!

क्या तुमनें कभी....
दो छोटी तितलियों को खेलते देखा है
हाँ,,,
मैं उन्हीं नन्ही-छोटी-पीली तितलियों की
जिक्र कर रही.....!!!!!
कैसे खेलते वे
जैसे खेलते हम बचपन में
पकड़ने की कोशिश करते
एक-एक को.....!!!!!
वो नन्ही-छोटी-पीली तितलियाँ
करतीं हैं नई-नवेली सी क्रीड़ायें
देख उन्हें खो जाते हम
अतीत के बाल्यकाल गर्भ में.....!!!!!
देख उन्हें
आ जाती उनकी और सखी-सहेली
उमड़ती फिर बन वो
नन्हें बच्चों की फौज से.....
दौड़-दौड़ वो जाती फिर कुसुमलताओं में
चुन-चुन लाती वो पराग को.....!!!!!
लाल गुलाब पर देखों
बैठी है वो नन्ही-छोटी-पीली तितली.....
देखो बड़े से मुखी में कैसे

शोभा दें रहीं वो नन्ही-छोटी-पीली तितली.....
पीले कनेर पर देखों
कैसे छिपी बैठी है
अपनी बचपन की सहेली से
वो नन्ही-छोटी-पीली तितली.....!!!!!

16. दर्द भरी रही उसकी जिंदगी

दर्द भरी रही उसकी जिंदगी......!!!!!

एक ने कहा उससे

ये प्रेम नहीं

महज है ये आकर्षण

मेरे प्रति ये तुम्हारा.....

है ये उम्र ऐसा,

स्वाभाविक है होना.....

वक्त के साथ तुम्हारा ये आकर्षण

समाप्त हो जायेगा.... पूर्णतः....!!!!!

एक ने कहा उससे....

ये प्रेम नहीं

एहसान है मुझपर तुम्हारा

जो तुम कर रही हो

देख दयनीय स्थिति मेरी.....!!!!!

बाकियों ने कहा उससे

है हजारों चाहने वाले तुम्हारे.....

मेरी जरूरत क्या तुम्हें

हम तो धूल भी नहीं तुम्हारी.....!!!!!

कहती-फिरती रही वो.....

नहीं गुनाह मेरा

है जो चाहने वाले हजारों मेरे

कही नही मैंने कभी उनसे

कि चाहो मुझे.....
ना कही कभी मैंने उनसे अपने दिल की बात.....
टटोले नहीं मैंने कभी
उनकी गहराई......!!!!!
समर्पित थी मैं जिस पर.....
ठुकरा दिया उसने मुझे
कहे..... बंजारा है तुम्हारा हृदय....
घात सह ये उसने
दौड़ आयी वो
लिपट गई उससे वो....
जो करता था उससे प्रेम.....
पल रूक वो
थाम किसी का हाथ
कह दिया.....
है ये तुम्हारा एहसान....
नहीं यह प्रेम......!!!!!
कहता था वो हरपल
इंतज़ार है मुझे तुम्हारा हरपल....
समझोगी जब तुम
मेरा निस्वार्थ प्रेम को
भर-भर आंसू कहता था वो
मर जाऊगा मैं......
बिन तुम्हारे.....!!!!!

गिड़गिड़ाई वो
विलाप किया उसने कई दिनों-रातों तक
वास्ता दे-दे कर उसे.....
नहीं पिघला वो
मुस्कुराता रहा वो

थाम किसी का हाथ वो.....!!!!!
रिक्त हो चुका था अब
उसका समर्पण-उसका प्रेम
शेष नहीं बचा अब
उसका हृदय-उसकी चंचलता.....!!!!!

उसके अन्तिम दिनों में
आया एक मुरीद.....
जख्म दे गया ये कहे कर
था मैं भी उनमें से एक.....
नाम था जिसका हजारों....... !!!!!

सुन उसे वो
टूट गई
बची थी जो सांसे उसकी
बिखर गई वो......
सहे नहीं पाई वो
एक और इल्जाम को.....!!!!!

जीना अब क्यूँ....?
प्रश्न करने लगी वो स्वयं से
ना अश्क थे
ना व्याकुलता थी.....
थी तो बस स्तम्भता......
विचार में वो
डूबी इतना की
मौन रहे वो
पहुँच गई दुसरी कायनात में......!!!!!

पड़ी रही वो यूँ हीं
जड़ बन......
खत्म हो गई
उसका स्वयं से प्रश्न......!!!!
ना जीने दिया उसे किसी ने
सूकून से.....
ना रहने दिया उसे किसी ने
प्रेम के समृद्ध से.....
और ना मरने दिया उसे किसी ने
शान्ति से.....!!!!!
तड़प कर काटी थी उसने
अपनी सांसें......
मौन होकर खत्म किया था उसने
अपनी सांसें......!!!!!!

17. महज आकलन है तुम्हारे चरम प्रेम का

महज आकलन है तुम्हारे चरम प्रेम का.....!!!!

यहीं कहीं है वो
जिसे खो चुके तुम....देह से.....
किन्तु गूंजती है वो
रूह बन तुम्हारे समीप.....!!!!!
बिछड़े तो क्या हुआ...?
मिल एक तो हो ही चुके तुम रूह से....
रहतें हैं जो हरदम
समीप हमारे सदीयों तक
किन्तु जुड़ समा नहीं पाते वे
एक-दुजे की रूह पर.....
उतर तो जाते हैं वे देह पर
पर समा नहीं पाते वो रूह में.....!!!!!
पाना-खोना
है ये सृष्टि का चक्र.....
बहा दो तुम कितना भी
मध्य सागर
अपनब चक्षु से.....
लौट कोई ना आने वाला वापस.....!!!!!

खुदा ने मिलाया तुम्हें जरूर

किन्तु हाथ ना था उनका
तुम्हारे जुदाई में.....!!!!!

क्योंकि,,,,,
नहीं खींचीं खुदा ने
ये मजहबी दीवारें......
खातिर वो तुम्हारे
रचा था उसने एक स्वांग.....
मिला तुमसे उसने
बरसाया था खुशी के अश्क़......!!!!!

किन्तु,,,
ये दुनियाँ
नहीं देख सकती
किसी प्रेमी जोड़े को
हसता-खिलखिलाता.....!!!!!
किन्तु,,,,,
स्मरण रहे ,ये जुदाई नहीं
महज आकलन है तुम्हारे चरम प्रेम का.....!!!!

जब मुक्त होगे तुम
इस देह से इस संसार से
और मिलन होगा तुम्हारा
उसकी रूह से
जो सदीयों की तरह बैठी है
राह में तुम्हारे.....
तब गूंजेगी किलकारी
एक नये प्रेमी जोड़े की.......
उस नाश्वर धरा पर

कुछ ऐसा होगा दृश्य
कर्ता जन्मेगा एक नया युगल
रचेगा एक नई प्रेम कहानी.....!!!!!

जो ये दूरी है
ये जो सदी है मिलन की
समझो तुम उसे
सीख रहे देवगण
तुमसे प्रेम में बेताबी
अर्जित करना चाह रहें
तुमसे ये प्रेम ज्ञान......!!!!!!

18. हाँ कुछ हद तक ऐसी ही है वो

हाँ कुछ हद तक ऐसी ही है वो......!!!!!!
वो कुछ ओस-सी ठंडी
हवा-सी चंचल
हाँ, वो लाल गुलाब-सी
इत्र की सुगंध-सी
जिद्दी-सी अडिग-सी
नन्ही गुड़िया-सी.....!!!!!

कुछ मृग-सी वो
नहीं-नही वो कस्तुरी-सी
हाँ, वो मखमली रात-सी
सर्द विभावरी की अमृतवर्षिणी-सी
तामरस के मंजरी पर तुहिनकण-सी
कुसुमराज की नाजुक कली सी राफ्ता-सी......!!!!!
कांच की चूड़ियों की खनक-सी
पायल की शोर-सी
सात सुरों की धुन-सी
हां वो पुराने नगमों-सी
तानसेन की गीत-सी
नहीं-नहीं वो बारिश की खनकती बूंदों-सी.....!!!!!

शायद सतरंगी-सी

नहीं वे लाल इश्क़-सी
प्रेम के ढाई अक्षर-सी
हाँ वो मिलन की इकरार-सी
बिछड़ने से पहले मिलन-सी
नहीं, वे बिछड़कर फिर मिलन-सी.....!!!!!
खेतों की पगडंडियों की वे राह-सी
धान की लहराते मीठी बालियों-सी
रेगिस्तान की क्रमेलेक-सी
गांव के मुसाफिर-सी
धरा सी जुड़ी-सी
मारूत की रफ़्तार-सी.....!!!!!
शायद वो ठहराव-सी
नहीं उतावली-सी
कुछ चटक-सी,तीखी-सी
नहीं, वो शहद-सी, मीठी-सी
खामोशी में वो शोर-सी
तन्हाइयों में वो भीड़-सी.....!!!!!

कुछ-कुछ कच्चे घड़े-सी
वो सम्पूर्ण कुम्हार-सी
शिशु की पहली लिखावट-सी
नहीं, प्रौढ़ की समझदारी-सी
थोड़ी उत्तेजित-सी, कुछ सुंक-सी
आंसू वारिस-सी , मुस्कान अंतरिक्ष-सी.....!!!!!

वो नन्ही परी की कहानी-सी
जादू की झप्पी-सी
फूल सी मुस्कान-सी
हाँ वो प्यारी-सी

मृदुल सी खेलती-सी
बेझिझक-बेबक-सी......!!!!!
वो मन्दिर में बन्धें कलीरे-सी
दरगाह-मस्जिद में चढ़ी चादर-सी
हाथों पर किस्मत की लकीरों-सी
अखण्ड लौ की प्रकाश-सी.....!!!!!

पहली बरखा में भीगी-गीली मिट्टी की खुशबू-सी
हाँ, वो जेष्ठ की तपी दुपहरिया में ठंडी हवा-सी
झील पर बिखरे लाखों सितारों-सी
बसंत की फुहार-सी
हाँ, वो चौमासे की रूत-सी
काश्मीर के सफ़ेद बर्फ पर खिले लाल गुलाब-सी
हाँ वो पतझड पर खिले सेमर के पुहुप-सी.....!!!!!

सर्द रातों की लम्बी रूमानी रात-सी
हाँ, प्रेम की पहली बोसा-सी
बाहों के आगोश-सी
सिमट कर हया-सी, लाल-सी.....!!!!!!
हाँ, लम्बी-लम्बी बातों-सी
टूट कर -बिखर कर बाहों में रोने-सी.....!!!!!
प्रेम में शरारत-सी
प्रेम में आलिंगन-सी
बाहों की जकड़न-सी
गहरे प्रेम की विश्वास-सी
गर्म आसुओं-सी
हाँ, वो जुदाई की भीगी पलकों-सी.....!!!!!

...... हाँ, वो कुछ-कुछ ऐसी ही है शायद.....

थोड़ी अलग-सी
थोड़ी पहचानी-सी
और थोड़ी फितूरी-सी......
हाँ कुछ हद तक ऐसी ही है वो......!!!!!!

19. तुम ये नकार नहीं सकतें

तुम ये नकार नहीं सकतें.....!!!!!
एक पुरूष जब
अपने अंश को
अपने सीने पर सुलाता
उस पुरुष को
अनुभूति होती तृप्त की.....
महसूस होता उसे की
वो दुनियाँ का
सर्वाधिक सम्पन्न सुखी पुरूष है.....!!!!!
और वो बच्चा
वो अंश निश्चिन्त हो
स्वप्न की दुनियाँ में
खोया रहता....
हिलोरे करता......!!!!!
और,,,,,
जब एक स्त्री
अपने पति के सीने में
सर रखती.....
उसे एहसास होता
वो कितना सुरक्षित......!!!!!
और,,,,,
पति एक अलग
संतुष्टि की अनुभूति करता.....!!!!!

किन्तु,,,,,
हर किसी की किस्मत
ऐसी नहीं होती....
सर रखने को
ना पिता का वो
मजबूत बाहें मिलती
ना पति की वो
गर्म छाती.....!!!!!

तुम कभी
अपने संतान को
अपने सीने में सुलाओ.....
देखना तुम उसे
उसकी बंद नन्हें मुठ्ठियाँ.....
और देखना कि वो
कैसे सो रहा
तुम्हारे सीने पर.....
पूर्णतः निश्चिन्त होकर
और गौर करना तुम
अपने होंठो के आकार को
और महसूस करना तुम
मन के भावों को.....
.... पर सबकी किस्मत
एक जैसी कहाँ होती.....!!!!!
एक बार तुम
अपनी अर्धांगिनी को
अपने सीने से लगा
सुलाना.......

उसे तुम जकड़ना....
अपने एक हाथ से
अपने और करीब करना.....
और एक हाथ से
थामना तुम
उसकी चूड़ियों वाली हथेलियों को.....
अपनी गर्दन टिकाना तुम
उसके सिर से.....
वो और करीब आ तुम्हारे
तुमसे सिमटेगी.....
यकीनन,,,,,
यकीनन वो तुमसे पूछेगी
क्या हुआ......?
तुम सिर से ना कहोगे...
सच कहे रहीं हूँ मैं
उस पल तुम्हारी आँखे
कुछ नम होगी.....
तुम उसे और
जकड़ने की कोशिश करेंगे.....
उसके हाथों को चूम तुम
ना चाहते हुए भी
अपने अश्कों को तुम
छोड़ दोगे......!!!!!
ना यकीं हो मुझ पर
आज सुलाना तुम उसे
अपने सीने पर
और गर्माहट देना उसे
अपने प्रेम का......
पर सबकी किस्मत

ऐसे कहाँ होती......!!!!!
यकीनन माँ के आंचल में
ममता का भंडार होता
कामधेनु-सा
कभी इतिश्री ना होने वाला.....
किन्तु,,,,,
क्या तुमनें गौर किया
पिता के बाजुओं पर
गीता का उपदेश.....
पिता का बाजु
हौसला देता हमें
लड़ने का
पाने का
जीने का
दौड़ने का.....
पर हर कोई को
कहाँ मिलता
एक पिता का
मजबूत बाजु
स्नेह से भरा हुआ.....!!!!!

हाँ,,,,,
सत्य है
माँ का वक्षस्थल
भरा होता अमृत से
पर तुम
नकार नहीं सकते
हौसले से
लबालब रहता

पिता का छाती.....
जब हम
गिरते हैं
टूटतें हैं
हारतें हैं.....
...... तो जरूरत होती हमें
एक पिता के सीने की
लगा अपने छाती से
हौसला देतें हमें
उठाने का
जुड़ने का
जीतने का.....
अपने विश्वास भरे
शब्दों से हमें सींचते हैं
जो समाई रहती
उनमें सीने में नदीश बन......
पर किस्मत वालों को
मिलता है पिता का ये नदीश......!!!!!

20. कुछ तो बदला है जरूर

कुछ तो बदला है जरूर.....!!!!!
ना बदली है ये चौमासे की बूंदें
ना बदली हैं ये रूत की अदायें......!!!!!

ना शोर कम हुआ है पायलों की झनकार की
ना गूंज कम हुई है चूडियों की खनखनाहट की.....!!!!!

ना होठों की मुस्कुराहटें कम हुई है
ना चेहरे की लाली कम हुई है.....!!!!!
ना ठिठौली बंद हुआ है
ना मखौल मौन हुआ है.....!!!!!
ना शरारत प्रौढ़ हुआ है
ना बचपना जवान हुआ है.....!!!!!
ना मोहब्बत की व्याख्या बदली है
ना नजरिया का वर्गीकृत बदली है.....!!!!!
ना शिद्दत बदली है
ना इबादत बदली है.....!!!!!
ना मेरी हथेलियों की मेहंदी सूखी है
ना तुम्हारा संयम कम हुआ है.....!!!!!
ना मेरे होंठों क् रंग बिखरे हैं
ना तुम्हारे चहरे के भाव बिखरे हैं......!!!!!
ना रितु की नियत बदली है
ना तुम्हारी नियत बदली है.....!!!!!

......पर बदला तो है कुछ जरूर
जे सब कुछ बदला-बदला लग रहा.....
या तो तुम बदल गए....
या मैं बदल गई.....
जो सबकुछ बदला-बदला नजर आ रहा हमें.....!!!!!!

21. वक्त मौन है

वक्त मौन है......!!!!!
वक्त.....
मौन है,
घड़ी की सूइयाँ
टिक-टिक का शोर कर रहीं.....!!!!!
राह.....
सुनसान है,
मेरे मुहल्ले की गली
भीड़ से उग्र हो
व्याकुल बन रही.....!!!!!
सागर.....
शान्त है,
झील रहे-रहे उफान में आ
नदियों में बहे
कल-कल कर रहीं.....!!!!!
कहानी......
खत्म है,
पात्र अपने चरित्र से
चालें चल गूढ़ हो
किरदार निभा रही......!!!!!
जान.....
बाकी है,
दिल की धड़कनें
स्तम्भ हो दीमाग को

चोट कर रहीं......!!!!!
पन्ना.....
कोरा है,
खत पढ़ वो
सीने से लगा
विलाप कर रहा.....!!!!!
कलम.....
टूटी है,
दस्ताख़त कर
न्याय मिल
मातम मन रहा.....!!!!!
मकान.....
बना है,
घर तोड़
आशियाना सजा
जी के मर रहें.....!!!!!
सूरज.....
बेदाग है,
चांद का कहा मान
सितारें आकाश को
दाग कर रहें.....!!!!!

22. है कोई जो विरक्त हो वैरागी हो गया

है कोई जो विरक्त हो वैरागी हो गया......!!!!!

उसे ज्ञात था

उसकी जिन्दगी की सांसें

अब चंद ही शेष

आभास होता उसे हर पल.....!!!!!

नहीं चाहती वो

विरक्त बन कौई वैरागी हो जाये

रहती यही लिए वो

निष्ठुर हर एक से.....!!!!!

क्योंकि,,,,

देखा था उसने

किसी एक आवारे को

विरक्त हो वैरागी बनते.....!!!!!

नहीं चाहती थी वो

उसके देह से

उसके रूह का बंधन छूटने के बाद

कोई विलाप कर

उम्र भर मातम पसारे

अपनी जिंदगी में......!!!!!

क्योंकि,,,,

उसनें सुन रखा था

सती के जलने के बाद

निधि गुप्ता

शिव का विरक्त हो वैरागी होना.....!!!!!
वो नहीं चाहती कि
उसके गुजरने के बाद
कोई उसे
पल-पल याद कर
जलता रहे.....!!!!!
नहीं चाहती थी वो
कोई उसे खोजे हर जगह
उसकी यादों में कोई
क्रूर बने
नहीं चाहती थी वो.....!!!!!
क्योंकि,,,,,
सुन रखा था उसने
अर्धनारीश्वर की गाथा
सुन रखा था
सती का जलना
शिव का रौद्र होना.....!!!!!
वो नहीं चाहती
कोई उससे शिकायत करने को
रात भर देखता रहे
तारों को.....!!!!!
नहीं चाहती वो
कोई उसके बदन की
खुशबू की खातिर
परित्याग करे लोहबान की खुशबू को......!!!!!
नहीं चाहती वो
उसकी अन्तिम यात्रा का पड़ाव
वो मरघट
किसी का घरौंदा बने.....!!!!!

नहीं चाहती वो
उसकी अस्थियाँ जहाँ प्रवाहित हो
वो घाट किसी का विश्राम स्थल बने.....!!!!!
होती रही वो निष्ठुर
अति करती रही वे निर्दयता की
बेपरवाह होती रही वो स्वयं से
क्योंकि,,,,,
आभास था उसे
उसकी बची हुई चंद साँसों का......!!!!!!

नहीं चाहती वो
कोई यूँ रात के तिमिर में
अपने अश्कों को
अपने पलकों में कैद करे
किन्तु,,,,,,
उसका ये प्रयास विफल रहा
ये प्रयत्न व्यर्थ रहा.....
है कोई जो विरक्त हो
वैरागी हो गया
उसकी चंद सांसें खत्म होने के बाद.....
व्यर्थ ही रहा
उसका ये जतन......!!!!!

23. कभी तुमनें, चखा है सिगरेट के धुंध को

कभी तुमनें, चखा है सिगरेट के धुंध को....?

कभी तुमनें
चखा है सिगरेट के धुंध को....?
कभी चखना तुम उन्हें
तिमिर रजनी में
सन्नाटे गली में
उस बालकनी के खिड़की में
तुम खड़े हो कर
चखना उस उमड़ती
टेड़ेमेड़े लकीरों को......!!!!!
अपनी मुठ्ठियों में
कैद कर उन लकीरों को
लाना करीब तुम अपने सांसें के.....
सींचना उन्हें तुम अपने अधरों से
जब हवाओं में शोर हो
दूर कहीं मरघट जगमग हो तब.....
तब चखना तुम सिगरेट के धुंध को......!!!!!

एक रात कभी तुम
अन्तिम पहर में
जलती सिगरेट को

स्पर्श कराना अपनी देह से
ठंडे बदन पर......
वो गर्म सिगरेट का स्पर्श.....
उफ्फफ! मैं व्यंया नहीं कर सकती
वो अनुभव शब्दों में.....
जो करती हूँ मैं अनुभव
उन गर्म सिगरेट के स्पर्श से.....!!!!!
जब स्पर्श होते
सिगरेट का जलता अग्निकुण्ड
मेरे देह से
महसूस होता जैसे
पौष के अन्तिम रजनी में
मिल गया हो एक
ढढक्ती अंगीठी.....
जैसे ठिठुरते बदन को
मिल गया हो एक
गर्म देह......
जैसे शून्य पड़े पांव को
मिल गया हो
जलते कोयले.....!!!!!!
दर्द नही होता मुझे तनिक भी
मीठा-मीठा होता एहसास
कुछ पल की खातिर
खेलती है सिगरेट
मेरी ठंडे देह से.....!!!!!

एक मुस्कान फूट जाती
भीगी पलकों के साथ
फिर खो जाती हूँ मैं

निधि गुप्ता

उस जलने के निंशा में
ढूढने लगने लगती हूँ मैं
कोई नई आकृति उसमें.....
कब आँखें बंद हो जाती मेरी
याद ना रहता फिर मुझे.....!!!!!

24. वो स्त्री,तुम्हें इतराते हुए भींचेगी

वो स्त्री,तुम्हें इतराते हुए भींचेगी......!!!!!!
जैसे,,,,,
एक पिता की छाती पर
सोता है एक नवजात शिशु
स्थिर होकर
सम्पूर्ण देह
अमा जाता उसका
पिता के भारी वक्षस्थल पर......!!!!!
वैसे ही,,,,,
सेना चाहती एक स्त्री
अपने प्रिय के छाती पर
समाना चाहती है पूर्णतः
उसके सीने पर......!!!!!
देह लघु हैं तो क्या हुआ
विशाल तो है छाती
उसके स्वामी का.....!!!!!
स्त्री,,,,,
चाहती हमेशा
वक्षस्थल पर रहे अधिकार उसका
रात्रि का प्रेम
शुरू हो छाती के आलिंगन से
अन्तिम पहर का अन्त हो

सीने से सच स्वामी के.....!!!!!

आ जाये जो स्वाद
पुरूष इस दुर्लभ आलिंगन का.....
चाहे उम्र भर वो फिर
दबे रहे उसके उभरें
भार उसके स्त्री से......!!!!!

ये सुखद एहसास
सम्भव है
स्त्री के जतन से
पुरूष के सार्थकता से......!!!!!

स्वाद चखने की खातिर
बनना होगा एक पुरूष को
नर्म-निर्मल.....
जाना होगा एक स्त्री को
शैशवावस्था में.....
तभी सम्भव होगा
ये दुर्लभ संयोग का मिलन......!!!!!!!

उपजेगा फिर प्रेम वहाँ
निस्वार्थ का.....
आलिंगन होगा वहाँ
रूह से रूह का
मिलेंगे देह किन्तु.....
किन्तु एहसास ना होगा उन्हें
उनके उभरें, उनके अंगों का.....!!!!!

रात गुजरेगी फिर
सिमटने-आलिंगन से
होगें स्पर्श हथेलियों से
उनके देह, उनके अंगों का.....
परन्तु जागेगी नहीं उनमें
काम भावना.....
क्योंकि,,,,,,
होगा वहाँ एक शिशु
एक ममत्व छाती पर......!!!!!

महसूस होगा पुरूष को
है सम्पूर्ण सृष्टि
उसके बाजुओं पर.....
वो स्त्री
इतराते हुए भींचेगी उसे......!!!!!!

25. कोई तो होना चाहिए

कोई तो होना चाहिए.....!!!!!
रण पर मैं
अभी विश्वविजेता को परास्त कर
स्वयं को विश्वविजेता बना लूँ,
परन्तु तिलक करने वाला
कोई तो अपना होना चाहिए....!!!!
मुकाम पर पहुँच सकतें हैं करोड़ों
पर उस पर जो टिका वही सफल होता है.....!!!!!

मन्ज़िल को पाने की चाह किसे नहीं
भटक कर भी पा ले अपनी मंजिल को
वो बंजारा कैसा.....!!!!!
मैं राज्य तो क्या सम्पूर्ण सृष्टि विजेता हो जाऊँ
पर पीठ थपथपाने वाला कोई अपना तो होना चाहिए......!!!!!
पर्वत से गिर मैं फिर दौड़ पताहै कर लूँ
परन्तु कोई ऊंची शिखर फिर से दिखाये तो सही.....!!!!!
आसमान पर तारों की तरह
जगत में मैं अपना नाम बिखेर दूँ
पर कोई ते उसे देखने वाला चाहिए......!!!!!

वीर भूमि में मैू, अभी वीरगति प्राप्त कर लूँ
पर शहीद कहने वाला कोई ते होना चाहिए.....!!!!!

मैं मर जाऊँ अभी इसी क्षण

पर कोई गोद में ले मुझे
क्रंदन करने वाला तो होना चाहिए......!!!!!

मैं अभी फिर से जिंदा हो जाऊँ
परन्तु कोई हृदय से पुकारने वाला तो होना चाहिए......!!!!!
अब हाथों की लकीरों को तो हर कोई पढ़ लेता है
परन्तु उन्हें बदलने की हिम्मत वाला तो कोई होना चाहिए......!!!!!!

26. कुछ बातें

कुछ बातें......!!!!!

वो जो कोरे कागज हैं ना
असल में वो कोरे नहीं हैं
तन्हा में रहना कभी
तो पढ़ना तुम उसे
मेरे जज्बात नजर आयेंगे
उन कोरे कागज़ पर तुम्हें......!!!!!

बचपन में जो तुम
गुल्लक में पैसे इकट्ठा किया था
असल में वो पैसे नहीं
यादें इकट्ठा किया था तुमनें
फोड़ कर देखना वो गुल्लक
तुम्हें यादें मिलेंगी बचपन की......!!!!!

चलो चलतें हैं
बचपन की उन
हकीकत के ख्वाबों में
नौका विहार करतें हैं
कागज़ की कश्ती संग......!!!!!!

27. कस्तूरी-सी महक जाऊंगी

कस्तूरी-सी महक जाऊंगी.....!!!!!

इंतकाल,
प्रीत है तू मेरा
मीत बन ब्याहूंगीं मैं
उस पुनित पाणिग्रहण में
तुममें समाहित हो जाऊंगी मैं.....!!!!!
अभिलाषी हूँ
रूधिर को अग्नि में तपा
भाप बना धुंध उड़ानें को
तुझसे लिपट तेरे रूह में समाने की.....!!!!!

अडिग हूँ
हलाहल को अधरों से लगा
तेरी काया से लिपट
तुझमें समाने को.....!!!!

वंसुधरा के इस
प्रेक्षागार में
निधि थक-सी गई है
अब तुझसे रूबरू हो
सिर्फ तेरी होना चाहती हूँ.....!!!!!

प्रियतम,,,,

मैं प्रचण्ड चिता की
दहकती अग्नि को और तपा
स्वंय को तपाऊंगीं
श्रृंगार करूंगी मैं
स्वयं के भस्म का
लगा मैं अपने राख का
कस्तूरी-सी महक जाऊंगी.....!!!!!

सुरा का हलाहल पी मैं
पावस की बूंदों में तुझे
पुकारूंगीं शिद्दत से... आराम से
तू आना जरूर आना.....!!!!!!

मैं क्षीण हो
तू प्रचंड से आना
मैं तड़पूगीं
तू विलम्ब से आना.....!!!!!

मेरी इस तपती काया में
मेरे अश्क-भाप बन
उड़ जायेगें
तू और प्रचंड से जलना.....!!!!!

❧❧❧

28. ताकि चलता रहे शाश्वत यह नाट्यशाला

ताकि चलता रहे शाश्वत यह नाट्यशाला......!!!!!

जिंदगी यूँ ही चलती है
ठहरती नहीं, बस चलती है
ना जाने क्यूँ.....!!!!
ना जाने क्यूँ
गम दे जाती जिन्दगी
जब कुछ नहीं
इस जगत में
तब क्यूँ रचा इसे
ईश्वर ने.....!!!!!

क्या अपने मनोरंजन की खातिर
रचा इसे?
ताकि चलता रहे शाश्वत
यह नाट्यशाला......!!!!!

क्या बड़े बुजुर्ग
सत्य कह गये
मनुष्य है कठपुतली
इस संसार की प्रेक्षागार का
और ईश्वर के हाथ

निधि गुप्ता

है इसकी डोर.....!!!!!

यही सोच-सोच
हृदय होता व्याकुल
क्या स्वार्थी है
सम्पूर्ण ब्रम्हांड......!!!!!

क्रोध भी नहीं आता
ना ही आती दया
स्वयं के ऊपर
अव़क भी नहीं होता
इस तर्क पर
बस आती नजर विवशता
कुछ ना कहने पर.....!!!!!

हम जो करते
जो कहते
क्या कुछ अधिकार नहीं
स्वयं पर
जब स्वीकारते सभी
इस सत्य को
क्यों होते वे नाराज
एक-दुसरे से
तृष्यकार करते दुसरे का.......!!!!!!

परन्तु होता अचानक
तीव्र झनझनाहट
नहीं हो सकता ऐसा विचार
सृष्टिकर्ता के हृदय में......!!!!!

यदि कुछ भी नहीं
इस संसार में
क्यों इतनी महेनत किया
इतना त्याग
इस सृष्टि के निर्माण में......!!!!!

कुछ तो है यकीनन
इस संसार में
जो दिखाई नहीं देता
मनुष्य को.....!!!!!
कुछ तो जरूर है
जो जल,पवन,अग्नि,वायु,धरती,पेड़-पौधे
की उत्पत्ति है
यूँ ही वो सबकुछ
नहीं हो सकता
जो आवश्यक है
एक मनुष्य के खातिर......!!!!!
नाश्वर नहीं हो सकता
यह संसार जहाँ
हर एक छोटी बात पर
उम्मीद लगाई जाती है
वह संसार बिलकुल
नहीं हो सकता नाश्वर......!!!!!

यह संसार अद्भुत है
अद्भुत है यह जगत
बस आवश्यकता है
एहसास करने को

निधि गुप्ता

दुसरे नजरिये से
देखने की
सोच को बदलने की
नकारात्मक से छुट
सकारात्मक बनने की
किस्मत छोड़
कर्म करने को......!!!!!!

❦❦❦

29. कितनी सौभाग्यशाली हूँ मैं बनूँगीं मैं उसकी ब्याहता

कितनी सौभाग्यशाली हूँ मैं बनूँगीं मैं उसकी ब्याहता.....!!!!!

आज जैसे हार-सी गई हूँ
इस नाश्वर देह की जिंदगी से
फना होना चाहती हूँ
मौत के लिए......!!!!!
हृदय से लगाना चाहती हूँ मौत को
सन्तुष्ट से नींद लेना है मुझे
मौत की निद्रा में मैं
मग्न से सोना चाहती हूँ......!!!!!

ना कोई परेशान करने वाला
ना कोई उठाने वाला
उस कब्र में मैं
चैन की निद्रा लेना चाहती हूँ......!!!!!

थक-सी गई हूँ मैं
बस आराम करना चाहती हूँ
एक पल सकून से जी
मरना चाहती हूँ मैं......!!!!!

मौत मुझे अपनी बाहों में

निधि गुप्ता

प्यार से ले
अपने आवेशों से मुझे पुकारें
अपनी नर्म हाथों से
मेरे बालों के लटो को हटाये.....!!!!!

मैं अपनी आँखे बंद कर
उसके सीने पर सिर टिका लूँ
और मुझे समेट ले अपने बाजुओं में......!!!!!

ले जाये मुझे उस सुनील के पास
जहाँ कोई अन्य जीव ना हो
ताकि साक्षी ना रहे कोई हमारे मिलन का.....!!!!!!

दोनों डूब जाये उस प्रेम के नदीश में
जहाँ से निकलने का
कोई अन्य मार्ग ही ना हो
और मैं जोगन हो जाऊँ उसकी
जिन्दगी के बाद रहे जाऊँ मैं
सिर्फ और सिर्फ मौत की......!!!!!

ना कोई समाज
ना कोई धर्म
ना परिवार
उंगली करेगा इस मिलन का
क्योंकि मौत ये सब नहीं देखता
मौत तो मौत होती
उसे सभी से मोहब्बत है
हर एक जीव से
हर एक तिनके से

कितनी सौभाग्यशाली हूँ मैं
बनूँगी मैं उसकी ब्याहता
मुझे इंतजार है उसकी
अपनी अलकों-पलकों को बिछा
मैं करूँगी उसका इंतज़ार......!!!!!!

30. उड़ती ही जाऊँ मैं बिन पंखों के

उड़ती ही जाऊँ मैं बिन पंखों के.....!!!!!

एक आरज़ू है
है एक तमन्ना
अक उम्मीद भी है
और है एक विश्वास भी
एक इंतजार भी है
है एक दुआ की
दुआ लग जाये मुझे किसी की......!!!!!

उड़ जाऊँ मैं
उन आसमानों में
जहाँ ना हो कोई क्षितिज
ना हो जिसका कोई किनारा
ना अन्त ना सीमा.......!!!!!!

मचल लूँ मैं
जी भर के उस नभ गगन में
जहाँ हर प्राणी उड़ना चाहता
देख एक उड़ता पंक्षी को......!!!!!

जी भर कर मैं

अठखेलियाँ कर लूँ
उस गगन के
सुनील समीर में
ताकि दिख सके मेरी योग्यता
पारदर्शी आईने पर......!!!!!!

और खिल जाऊँ मैं
एक ऐसे फूल की भांति
सुगंध ना जाए कभी
ना हो जिस चुभन
बनाऊ मैं ऐसा
कुसुम मंजरी का इतिहास
पढ़ना चाहे हर प्राणी
द्वेष ना रखे कोई उस इतिहास से......!!!!!!
फिदा हो जाऊँ मैं
उन हवाओं में,
फना हो जाऊँ मैं
उन बारिश की पहली
बूंदों की झनकार में.....!!!!!

लुट जाऊ मैं
उस पहली मानसून में,
लुटा दूँ मैं
अपना सबकुछ
उस समुद्र की मदमस्त लहरें में......!!!!!

झूम उंठूँ पत्तियों की झनझनाहट में
नाच लूँ बिन घुंघरूओं के
फन रिमझिम बूंदों में......!!!!!

पागल हो जाऊँ मैं
जब उड़ती ही जाऊँ मैं
बिन पंखों के और खुल कर
सांस लूँ मैं उस आसमान में......!!!!!

मुक्त हो जाऊँ मैं
समाज से , देह से और
मिल जाऊँ मैं
परमात्मा से
स्पर्श कर लूँ उस परमात्मा को
जिसके खातिर
तड़पती है आत्मा
सजदा करूँ मैं ऐसे मिलन का......!!!!!

31. की मैं मिल चुकीं हूँ अपने प्रियतम से

की मैं मिल चुकीं हूँ अपने प्रियतम से......!!!!!

हे समीर,
ले चल मुझे उस पार
जिस पार है मेरा प्रियतम
उसके इंतज़ार में
मैं हूँ अतृप्त
चाहिए मुझे तृप्ति
हूँ मैं प्यासी उसके प्रेम की......!!!!!
है मेरा प्रियतम
सबसे अनोखा
ना कोई सीमा
ना कोई बंधन है
उसके समाज में.....!!!!!
हे समीर
जानता है ना तू
मेरे अपने प्रियतम को....?
है मेरा प्रियतम वही
जो सबके पास आता
चाहे जो हो
छोटा-बड़ा, अमीर-गरीब
हर जीव के पास

निधि गुप्ता

है मेरा वो प्रियतम
हाँ, मेरा प्रियतम मौत ही है.....!!!!!

जब मिले वो तुझे
तो कहना
रूठी है तेरी प्रियसी
रूठूँ क्यों ना मैं उससे
सबसे मिला वो
परन्तु ना मिला अब तक
वो मुझसे.....!!!!!

कौन बताये उसको की
कब से इंतज़ार कर रही मैं उसका
हे प्रियतम आ
मुझसे आ कर मिल
और मैं खो जाऊँ
तेरे मदहोशी सांसों में.....!!!!!
हे समीर
ले चल मुझे
सागर के उस पार
जहाँ कोई ना हो
रहूँ मैं और तू
और रहे मेरा प्रियतम......!!!!!

वक्त को कहूँगी
ठहर तो जरा
मैं आती हूँ
जाना है मुझे मिलने
अपने प्रियतम के पास

ताकि किसी को
खबर ही ना हो
ना हो जानकारी की.....
की मैं मिल चुकीं हूँ
अपने प्रियतम से....
मौत से.....!!!!!

32. यह समाज तो बनाई हमनें फिर डरना क्यों

यह समाज तो बनाई हमनें फिर डरना क्यों......?
आज बस यूँ ही
कुछ लिखने का दिल कर बैठा
ना जाने क्यों
एक अजीब-सी दुनियाँ की ओर
चला ये मन.....!!!!!

कुछ सत्य की ओर
कुछ कल्पनाओं के रंगों की
फुहारों की ओर....
थे दोनों ही सुंदर.....!!!!!

थे किन्तु अजीब
इन दोनों बातों को
सोच-सोच कर
अजीब-सी होती बैचेनी
होता एहसास असन्तुलन का......!!!!!

दिल थाम कर बैठी मैं
और सोची
क्या यही है सत्य
जो दिखता अच्छा

किन्तु होता पछतावा.....!!!!!

नहीं जाऊंगी मैं उस पार
जिस पार है
पछतावे का किनारा.....!!!!!

नहीं जीना उन हवाओं के संग
जिन हवाओं में है
दुविधाओं का झूला.....!!!!!

किन्तु ले चला मुझे
उस पार समाज
जिस ओर ना जाना चाहा मैंने
और रम गई मैं उसमें
जिसमें रमना ना था मुझे.....!!!!!

दोष दिया समाज को
परन्तु मष्तिष्क में
आया विचार
यह समाज तो
बनाई हमनें
फिर डरना क्यों......?

किन्तु हो चुकी देर
वक्त आ चुका था मेरा करीब
लोग कहते
"सठिया गई बुढ़िया
कहीं फेकों उसे......!!!!!

काश मैं अपनी सुनती
ना की समाज की
दुसरों की....
खैर.....!!!!!

33. तुझसे मिल मेरा वैरागी मन खंडित हो गया

तुझसे मिल मेरा वैरागी मन खंडित हो गया.....!!!!!
दिल की ये क्या आरजू हो गई
दिल में अजीब-सी चाहत हो गई.....!!!!!
तुझे पाने की मंशा हृदय में डोल गया
बिन तेरे मेरा हृदय अतृप्त प्यासा हो गया...!!!!
तुझमें स्वयं को खोजने की इच्छा जागृत हो गया
तुझसे मिल मेरा वैरागी मन खंडित हो गया.....!!!!!
तुझे प्राप्त करने का विचार विराजमान हो गया
तेरे साथ उम्र गुजरे, हृदय में भंवर उठ गया.....!!!!!

ना तुझसे जीतने की इच्छा, ना तुझसे हारने की
ना तुझे पाने की इच्छा, ना तुझे खोन् की इच्छा.....!!!!!

ना तुझसे मिलन की इच्छा ना विराग की इच्छा
ना तुझसे विलय की इच्छा ना अविलय की इच्छा.....!!!!!

बस यही इच्छा शेष,तेरा नाम जुड़ा हे मेरे नाम से
ना रहूं मैं तुझसे अलग, ना तू रहे अलग मुझसे.....!!!!!

मैं तुझमें समा जाऊँ-तू मुझमें समा जाये
मेरे मुख्य मंडल में तेरी छवि विराजमान हो जाये.....!!!!!

मेरे आँखों में तेरा स्वरूप दिखे
मैं जो चलूँ, मेरे परछाई में तू दिखे.....!!!!!

चले तू , निशा हो मेरे कदमों की
मुस्काये तू खिले मेरे चहरे की लाली......!!!!!!

34. मेरा जी चाहता है

मेरा जी चाहता है.....!!!!!
जी चाहता है
समा जाऊँ मैं
समुंदर के उन हसीन लहरों में
जिसे देखना चाहता
सम्पूर्ण जगत.....!!!!!
जी चाहता है
चमक जाऊँ मैं
आसमान में सितारा बन
जिसे देखना चाहता
हर एक शख़्स.....!!!!!

जी चाहता है
समा जाऊँ मैं
पराग बन फूलों की खुशबूओं में
जिसका शहद चखना चाहता
हर कोई......!!!!!

जी चाहता है
बन जाऊँ मैं
मानसून की पहली बूंद
जिसमें भीगना चाहता मंत्रमुग्ध हो
हर शख़्स.....!!!!!

निधि गुप्ता

जी चाहता है
बन जाऊँ मैं
इन्द्रधनुष का रंग
जिसके रंग को पानी चाहता
हर एक कलाकार......!!!!!

35. सबकुछ है पर रंग नहीं

सबकुछ है पर रंग नहीं.....!!!!!

आज मैं होती कहाँ
कहाँ आ गई हूँ मैं
कितना मधुर मय
कितना आनन्दमय स्वप्न था
कितना कटू सत्य
कितना निष्ठुर याथर्थ है.....!!!!
वो उमंग भरा दिन था
आज बेजान साँसें हैं
आज मैं कहाँ....
आज सब कहाँ.....!!!!!
दर्द है पर आंसू नहीं
होंठ हैं पर मुस्कान नहीं
जिन्दगी है पर आश नहीं
समय है पर उम्मीद नहीं......!!!!
साँसें हैं पर इच्छा नहीं
आखें हैं पर इंतजार नहीं
दिन है पर उजाला नहीं
रात है पर चांद नहीं.....!!!!!
धूप है पर छांव नहीं
रास्ता है पर मन्ज़िल नहीं
नदी है पर किनारा नहीं
बंधन है पर रिश्ता नहीं......!!!!!

दीवार है पर छत नहीं
नाव है पर पाले नहीं
मकान है पर घर नहीं
जिन्दगी है पर उमंग नहीं......!!!!!

लोग हैं पर साथ नहीं
भीड़ है पर अपना कोई नहीं
यकीन है पर विश्वास नहीं
सगे हैं पर अपने नहीं.....!!!!!

लोग हैं पर दोस्त नहीं
महफ़िल है पर रंग नहीं
बंसत है पर सुगंध नहीं
धोखा है पर गम नहीं.....!!!!!

36. मैं ये दुआ करूंगी ये दुआ कुबूल हो

मैं ये दुआ करूंगी ये दुआ कुबूल हो......!!!!!

दिल से या दिमाग़ से
कहाँ गलती हो गई...?
कि सारी महेनत
बिखर गई
और टूट गया वो सपना
जो खुद-बा-खुद
बन गयें थे.....!!!!!
होने वाला था
पूरा सपना.....किन्तु
ये कैसी आंधी आ गई
या लाया गया तूफ़ान
लाया भी किसने
जिसने दिखाया था सपना......!!!!!

उस तूफ़ान ने
अपने साथ ले गया
मेरी महेनत, इंतज़ार....
मन असन्तुलित हो उठता मेरा
ये सारी बातों को
सोच-सोच कर......!!!!!

ना दिल दिमाग़ को समझा पाता
ना दिमाग़ दिल को तसल्ली दे पाता
कि कैसे ये हो गया....?
कहाँ हुई गलती
मैं समझ ना पाई
ना कोई समझा पाया
समझा पाया तब
जब खो चुकी थी मैं सबकुछ......!!!!!

दुआ करतीं हूँ मैं
बढ़ू मैं इससे आगे
वरदान साबित हो
मेरा यहाँ से जाना
यहाँ से बिछुड़ना
यहाँ से छूटना
यहाँ से अलविदा कहना
दुआ करूंगी मैं
मेरी ये दुआ कुबूल हो......!!!!

37. शाश्वत रहे हमारा बंधन, हमारा स्नेह

शाश्वत रहे हमारा बंधन, हमारा स्नेह.....!!!!!!

इन तूफानी बर्फीली हवाओं में
इन सर्द कामनीय रजनी में
इन चांदनी उज्जवल रात्रि में
इन मखमली-मलयज रात्रि में
भर लो तुम मुझे
कुछ इस कदर अपने आगोश में
खो जाऊँ मैं तुम्हारे आलिंगन में......!!!!

तुम्हारी सांसों के स्पर्श में
स्वयं को विस्मृत कर दूँ
मैं समा जाऊँ
तुम्हारी रूह में कुछ इस कदर
धड़कने चले तेरी, सांसें लूँ मैं.....!!!!!
एक दूजे की सांसो की डोर से
बंध जाये हम इस रजनी में
तेरी दिल की धड़कन मैं सुनूं
मेरे दिल की धड़कन तू सुनें......!!!!!

कुछ इस कदर आलिंगन कर मुझे
तेरे देह में मेरी इत्र हो

बिन प्रणय हम एक हो जायें
जिस्म का नहीं रूह का बंधन हो
देह का नहीं आत्मा का मिलन हो.....!!!!!

भर तुम कुछ कदर मुझें
अपने आगोश में
जिस्म का आलिंगन नहीं
रूह का आलिंगन करो मुझे
ताकि शाश्वत रहे
हमारा बंधन, हमारा स्नेह.....!!!!!!

❧❧❧

38. चाहिए मुझे इसके बदले कीमत

चाहिए मुझे इसके बदले कीमत.....!!!!!
मैं,,,
तुम्हारी खुशी, चाहत, आरज़ू
मन, मर्जी की खातिर
तुम्हारे होंठो को
सौ दफा नहीं
हजार बार चूमूंगी.....!!!!!
जैसा
चाहोगे, कहोगे, करोगे
करूंगी मैं ठीक वैसा
बिन एक शिकायत.....!!!!!
किन्तु,,,,,
चाहिए मुझे इसके
बदले कीमत
तुम्हारे लिए शायद है
बहुत छोटी.....!!!!!
है कीमत की.....
मेरे होठों के
जख्म के बाद
तुम बस चूम लेना
मेरे माथे को......!!!!!

39. नारी मैं नारायणी हूँ

नारी मैं नारायणी हूँ.....!!!!!

ना समझ तू मुझको सिर्फ अमृतवाषिणी

प्रभंजन मन में जो आया -क्रोध की ऊर्मि बन तड़ित बनूगीं।

ना समझ तू मुझको सिर्फ वैदेही

बनी मैं जो कालिका -संग्राम की स्वामिनी बनूगीं।

है मेरे वक्षस्थल में सुरभोग का भण्डार

तू जो किया छल कालकूट की मूर्त बनूगीं।

है मेरे अन्दर समाहित छुटाशन का कोष

तू जो आया निकट - घट अग्निशिखा बनूगीं।

हो जाऊ जो मैं नीरव, हो जाए मेरे रदच्छद मौन

तिरोहित हो जाए ये मृत्युलोक, तिमिर बन जाए ये भुवन।

हो जाऊ जो मैं कोप हो जाऊ मैं प्रचण्ड

दिनावसावन हो जाओ तुम,किंकर बन जाओ तुम।

हूँ मैं केवट तुम्हारी नैया की,न समझ तू मुझको अबला

गर हो जाऊ रिपु - डूबो दूँगी मैं तुमको ,कर दूँगी समाहित सागर
में।

हूँ मैं कुसुमाकर की महरानी न समझ तू मुझको महक

गर हो जाऊ मैं बैरी छीन लूँगी सुगन्ध, कर दूँगी अछूत जग में।

अडिग हूँ स्थिर हूँ, हूँ मैं निर्भीक

मेरे प्रेक्षण की लौ देखी नहीं तुमने,

उग्र जो हुयी चण्डिका बन आहार करूगीं तेरा

खगेश्वर -सी ईक्षण में चुभता तू।

न ललकार तू मुझको ये आत्मभू

आई जो त्वरा बन रणक्षेत्र में, रक्त की वारीश बनाऊगीं।

हूँ प्यासी, शूल वार कर तेरी बोटी आहार करूगीं।

रहने दो मुझे सौम्य, मलयज -सी,

रहने दो मुझे शर्म, हया से परिपूर्ण ।

जो हुयी मैं निमर्म -कल्पान्त आयेगा,

जो की खघोत को मुट्ठी में कैद, तेरे नक्षत्र बदल जायेगें।

बच तू मेरे कृपाण से, हूँ मैं कोष सम्पूर्णता की।

यदि हूँ मैं मृदुल तो हूँ भी मैं चामुण्डा,

जो मैं फ़हराई युध्द का पाताका - बिन शोणित तृप्त न होगी निधि

40. एक अरसे बाद की मिलन का अलिंगन होगा

एक अरसे बाद की मिलन का
अलिंगन होगा.....!!!!!
......जब तुम मुझे अपनी बाहों में जकड़ोगे.
....तुम्हारे होंठ मेरे कान्धें को स्पर्श करेगी......
तुम्हारे गर्म सांसे मेरी गर्दन से तकरायेगीं....
......और तुम धीरे-धीरे मेरी कमर को जकड़
मुझे और अपने करीब लाओगे......
मेरी आँखों के पोरें न चाहते हुये भीग जायेगीं....
मेरी लड़खराते होंठ तुमसे
कुछ कहना चाहेगें पर.....नाकाम होंगी...
मेरी पलकें बन्द हो भारी हो जायेगी....
मेरी हथेलियाँ तुम्हारे कान्धें को
और जकड़नें की कोशिश करेंगी.....
हमारी सांसे तृीव हो शैनेः-शैनेः
शान्त हो सुकू की हो जायेगीं ....
वो पल हम आत्मा से मिल
एक हो जायेगें.......
वो भोग का अलिंगन नहीं
....वो एक अरसे बाद की मिलन का
अलिंगन होगा.....!!!!!

41. इस नव वर्ष में

इस नव वर्ष में......!!!!!

नव वर्ष ,,, में कुछ
खुशियां, नई शौगात चाहेगें ,
कुछ
नई उम्मीद, नये विश्वास चाहेंगे,
मैं कुछ नयेपन का
ख्वहिश न चाहुगीं
वही रणछेत्र, वही मैदान
वही अभिताभ,
वही सकल व्योमतल के नीचे
वही प्रतिध्वन्धि चाहूगीं
उसे पदराज तले रौंदने के लिए,
तुम्हारे पार्थिव में
वही रूधिर बहेगा
मुझमे में भी वही, भूतकालिक जीत के
अभिमान के तले
तुम्हारा रग
विरल ,श्रान्त, शीत होगा
मेरा नहीं,
मैं अतीत सोच
रग ज्वाला बन
महासिन्धु बन जाऊगीं,
ऊतरूगीं मैं रण पर

दो कसमें लेकर
या तो खुद मिट्टी में मिल
हमेशा के लिए
कफन समेट लूगीं
या तेरे अभिमान को चीर
उसी का कफन बना
तेरे अभिमान को
सुगति दे मैं
सकल सृष्टि में प्रज्वलित शाश्वत
अरूण केतन लहराऊगीं,
तेरे अभिमान को
पदरज तले रौंध दूगीं,
मुझ कोई अन्य
कांक्षा शेष नहीं
कांक्षा है मुझ एक
तुझे मिट्टी में मसलनें का,
मैं वीरनिधि उमिर्ल उध्दत
तुझे बहा
छोर ले जाऊगीं,
पराजित कर लिया मुझ अधिक
प्रतिबध्य कर लिया मुझे
बन्धन का वास्ता देकर -अब नहीं,
देख अब तू
कैसे मै जीतती हूँ
तेरे हर एक बन्धन से
हर एक प्रतिबध्यता से ,
हर एक बेडियों से
कैसे खुलती हूँ,
तेरे हर एक नकाब से

हर एक ढोंग से
प्रत्यक्ष हो चुकी हूँ मैं,
ऐ समाज,
तुझसे मैं नहीं
तू मुझसे जुड़ा है
तूने मुझे नहीं
मैंनें ,हमने
तुझे बनाया है,
इस भ्रम को मत पाल
लोग क्या कहेगें
लोग में मैं भी हूँ
स्वयं को कुछ न बोलूगीं
शेष क्या कहेगें मुझे,
ऐ समाज
देख तुझे
मैं कैसे दिखाती हूँ
तुझे ही बदलकर
तुझे ही दिखलाऊगीं,
ज्यादा इतरा मत
मेरा अंश ही है तू
तुझे बदलने की
हिम्मत है हममें
जो बना सकता है तुझे
बदल भी सकता है तुझे.....!!!!!

❧❧❧

42. और मैं आपार गहराईयों में जा चुकी होऊगीं

और मैं आपार गहराईयों में जा चुकी होऊगीं....!!!!!
मैं चाहती हूँ
सागर के आपार गहराईयों को नाप आऊ
तीव्र गति से....
गोते लगाते मैं
पहुँच जाऊ सागर के सतह तक...
शैनेः शैनेः
शिथिल पड़ जाये मेरे अंग
काबू न कर पाऊ मैं
स्वयं के बदन को...
उपर उठू मैं
शिथिल हो के गहराईयों से...
केश लहराते रहे मेरे
सागर के खारे जल में...

...

मेरी पलकें बन्द हो
मुझ सुलाये वो
अपने भारी जल की थपकियों से....
कुछ वक्त उपरांत
मैं तैर शिथिल हो
पड़ी रहूं जल के उपरी सतह पर...

मेरी सांसे शांत होगी
मेरी धड़कन शून्य हो चुकी होगीं...
मेरे जिस्म से
आत्मा मुक्त हो चुकी होगी...
मैं आपार गहराईयों में
जा चुकी होऊगीं....!!!!!

43. मैं जैसी हूँ वैसी ही रहूंगी

मैं जैसी हूँ वैसी ही रहूंगी.....!!!!!
.....मुझे तहज़ीब मत सिखाओ
मुझे पता है संस्कार क्या हैं...
मैं वो नहीं जो दायरों में रहती है
मैं वो हूँ जो हद में नहीं हक में रहती है
मेरी हद बेहद है.....
अनुमान लगा तुम अपना वक्त यूँ न जाया करो...
निधि वो नहीं जो रूप बदल बदल मिले...
मैं तुम्हें पर्दे के पीछे वही रूप में मिलूगी
जिस रूप में मैं तुम्हें पर्दे के आगे मिली थी....

तुम मुझसे उम्मीद मत करना की
सन्नाटे गलियों में मैं तुमसे अलग लहजे से मिलूँगी और चौराहे
पर अलग.....

हाँ मैं बर्ताव बदल सकती हूँ किन्तु
भाव एक ही रहेगें,अकेले में तुमसे मिल गालियाँ बक सकती हूँ
किन्तु भीड़ में मैं तुम्हारा सम्मान ही करूगीं

परन्तु तुम ये आश मत करना की
बन्द गलि में मैं तुमसे प्रेमिका की भांति मिलूगी और अंजुमन में
अजनबी की भांति

मैं तुमसे हमेशा वैसी ही मिलूगी

जैसी हर बार मिलती

नहीं मैं अपने रिश्ते का प्रदर्शन नही कर रही
बस मैं उन्हें छिपा नहीं रही
क्योंकि एक रूप मेरी पहचान नही मेरा अस्तित्व है....!!!!!

44. अब हम पहले जैसे नहीं रहें

अब हम पहले जैसे नहीं रहें.....!!!!!

पहले कितना श्रेष्ठ था जीवन

दौड़ते भागते हम

यूँही बिन ध्येय स्फूर्ति समेटे हुए

गुम हो बीत गये हमारे मध्य जीवन

कहाँ गुजारी हमने रसभरा जीवन

स्मरण नहीं हमें

केवल लिखें हैं वे मोटे सरकारी कागज़ों पर

बीत गये सब जीवन के अमूल्य बसंत

आईना देखा हमने जब

सलीका तो आ गया हममें

पर दफन हो गये हमारे अल्हड़

वेग-तीखा पन तो है अब हमारे भीतर

किन्तु दिख रहा न अब हममें

वो आदि तेज-चंचलता

मुस्कुराहट तो आ जाती हमें

किन्तु गालों पर लाली नहीं दिखती अब

हसं तो लेते हम अब इतना

कि शोर मच उठता पूरे ब्रम्हांड में

किन्तु नमी नहीं आती आँखों के पारो में.....!!!!!

45. अभी "मैं" बनी कहाँ तुम्हारी "कृत"

अभी "मैं" बनी कहाँ तुम्हारी "कृत".....!!!!!

तुम मुझे तोड़ नहीं तराश रहे
एक कृतकार की तरह....
पता नहीं तुम हो एक
दुर्लभ कृतकार या नहीं
परन्तु मुझे इतना यकीन है कि
तुम मुझे तराश रहे एक "दुर्लभ कृतकार" की तरह.....
यह एक पड़ाव है मेरा
मेरी प्रसिद्धि का
यह महज़ अभी शुरुआत है
मेरे अन्तहीन सफर का...
अभी तो ढेरों सफर तय करना शेष है
अभी तो ढेरों पड़ाव आयेगें मेरे जीवन में
अभी तो तुमने तराशना शुरू किया है मुझे
अभी तो महज एक ही वार किया है तुमनें
अभी तो शेष है सम्पूर्ण कृत को कृत करना
अभी "मैं" बनी कहाँ तुम्हारी "कृत".....!!!!!

46. अपराजिता

अपराजिता.......!!!!!

कभी तुमने देखा है
अपराजिता मंजरी को
देखना उन्हें तुम कभी....
कैसे दिखते वे गहरे नीले फूल
जैसे किसी ने उड़ेल दिये हों
खूब सारे गुलाल
खेलने फगुआ खातिर....
या मानो किसी बच्चे ने
रंग लिए हो अपने दोंनों हाथ.....
किसी ने इंद्रधनुष का नीला रंग....
तुम देखना कभी अपराजिता को
जब ओंस की कुछ बून्दे
बिखरी हों उनपर
या वारि की कुछ मोतियाँ
पड़ी रहे उन पर....
स्वयं को विस्मृण कर तुम
खो कर निहारना उन्हें
और महसूस करना
मखमली मंजरी को....!!!!!!

47. सबकुछ प्रेम ही तो है

सबकुछ प्रेम ही तो है....!!!!!
प्रेम शक्ति है
प्रेम पूजा है
प्रेम पूज्यनीय है
प्रेम परमानन्द है
प्रेम सर्वोच्च है
प्रेम वन्दिन्य है
प्रेम आत्मा है
प्रेम सर्व है
प्रेम अद्भुत है
प्रेम लौकिक है
प्रेम अलौकिक है
प्रेम निष्कपट है
प्रेम माननीय है
प्रेम ऊर्जा है
प्रेम स्त्रोत है
प्रेम ताकत है
प्रेम श्वांस है
प्रेम जीवन है
प्रेम राग है
प्रेम अमूल्य है
प्रेम प्रकाश है
प्रेम ब्रम्हांड है
प्रेम मार्ग है

प्रेम मन्ज़िल है
प्रेम अन्त कालीन है
प्रेम व्यापक है
प्रेम धर्म है
प्रेम जाति है
प्रेम अन्तहीन है
प्रेम जागरण है
प्रेम शून्य है
प्रेम चेतन है
प्रेम भूत है
प्रेम वर्तमान है
प्रेम भविष्य है
प्रेम लक्ष्य है
प्रेम भाव है
प्रेम अगणित है
प्रेम उमंग है
प्रेम उल्लास है
प्रेम दृश्य है
प्रेम लाप है
प्रेम भोग है
प्रेम बोध है
प्रेम विश्वास है
प्रेम पवित्र है
प्रेम मंथन है
प्रेम निरोग है
प्रेम रोशनी है
प्रेम हवा है
प्रेम रिश्ता है
प्रेम मान है

प्रेम मान्य है
प्रेम शाश्वत है
प्रेम अनन्त है
प्रेम आदि है
प्रेम धन है
प्रेम निधि है
प्रेम स्वयं है
प्रेम बन्धु है
प्रेम सखा है
प्रेम गुरु है
प्रेम आदर है
प्रेम यौवन है
प्रेम प्रौढ़ है
प्रेम बुज़ुर्ग है
प्रेम बालक है
प्रेम अबोध है
प्रेम अतुलनीय है
प्रेम धारा है
प्रेम जीव है
प्रेम प्रगति है
प्रेम अभेदी है
प्रेम कवच है
प्रेम सत्यं है
प्रेम हिम्मत है
प्रेम जन्नत है
प्रेम निशब्द है
प्रेम दर्शनीय है
प्रेम व्यापक है
प्रेम निर्दलीय है

प्रेम स्वच्छ है
प्रेम स्वस्थ है
प्रेम याथार्थ है
प्रेम अहिंसक है
प्रेम तेज है
प्रेम जल है
प्रेम अग्नि है
प्रेम सुन्दर है
प्रेम अद्वितीय है
प्रेम निष्कलंक है
प्रेम वास्तविक है
प्रेम शान्त है
प्रेम अकल्पनीय है
प्रेम नित्य है
प्रेम निरन्तर है
प्रेम इच्छा है
प्रेम सुगंध है
प्रेम अमर है
प्रेम गति है
प्रेम ध्वनि है
प्रेम अजर है
प्रेम रीढ़ है
प्रेम नेह है
प्रेम सन्तुलन है
प्रेम धैर्य है
प्रेम सुरूर है
प्रेम जुनून है
प्रेम अचल है
प्रेम छांव है

निधि गुप्ता

प्रेम चिर है
प्रेम दर्पण है
प्रेम ध्येय है
प्रेम ध्यान है
प्रेम शिखर है
प्रेम उपज है
प्रेम नास्तिक है
प्रेम प्रेम है......!!!!

मेरी शार्ट स्टोरी, निबंध, कविता, लेख, हास्य रचना, मोटिवेशन प्वाइंट, समाजिक तत्वों पर लिखे कटाक्ष, संवाद लेखन आदि को पढ़ने के लिए Google पर Serach कीजिये #Ziddynidhi